AF329751

La Révérende Mère

GENEVIÈVE DE SAINTE-THÉRÈSE

Fondatrice du Carmel de Lisieux.

(D'après une ancienne toile conservée au Monastère)

La Fondation
du Carmel de Lisieux

et sa Fondatrice

La Révérende Mère
Geneviève de Ste-Thérèse

OFFICE CENTRAL DE LA B^{se} THÉRÈSE
LISIEUX (Calvados).

Dépôt au Canada : M. GOYER, 90, avenue des Pins, ouest, Montréal.

IMPRIMERIE SAINT-PAUL
36, Boulevard de la Banque, BAR-LE-DUC (Meuse).

DÉCLARATION

Conformément au décret du pape Urbain VIII, nous déclarons que les titres de *Saint* ou de *Vénérable* qui, dans le cours de cet ouvrage, s'appliqueraient à des personnes sur lesquelles la sainte Eglise ne s'est pas prononcée, n'ont qu'une valeur purement *humaine* et *privée*.

AVANT-PROPOS

La B^{se} Thérèse de l'Enfant-Jésus, au Chapitre VIII de sa Vie, parle de « son bonheur d'avoir vécu, plusieurs années, avec une sainte, non point inimitable, mais sanctifiée par des vertus cachées et ordinaires ». C'est cette sainte, la Révérende Mère Geneviève de Sainte-Thérèse, dont nous présentons l'histoire au lecteur, lui offrant en même temps le récit abrégé de la fondation du Carmel de Lisieux.

Cet ouvrage, qui répond au désir de tant de fervents admirateurs de la Bienheureuse Thérèse, est écrit d'après les documents conservés au monastère et le témoignage verbal de celles qui ont connu la Révérende Mère fondatrice.

PREMIÈRE PARTIE

Le Carmel de Lisieux

CHAPITRE PREMIER

**Comment fut décidée la fondation du Carmel
de Lisieux.
Préliminaires de cette fondation.**

—◦—

Le Carmel de Pont-Audemer (Eure),
supprimé à l'époque de la Révolution, fut
rétabli au mois d'avril 1803 ; mais, pour
se faire autoriser par le gouvernement,
il se résolut, contrairement aux Constitutions de son Ordre, à ouvrir un pen-
sionnat. C'est ainsi que, parmi les élèves,
se trouvèrent deux sœurs, Mesdemoiselles
Gosselin, qui, s'étant éprises de la vie du
Carmel et se voyant refusées comme postulantes à cause de leur peu de santé, réso-
lurent d'employer leur fortune à fonder
un monastère où elles seraient gardées
comme bienfaitrices, avec des vœux spé-
ciaux, comme il est d'usage dans l'Ordre.

Mgr Dancel, évêque de Bayeux et Lisieux, examina leur projet et lui donna son approbation le 16 décembre 1835, en décidant que la fondation se ferait à Lisieux. Il mourut peu après ; mais Monseigneur Robin, son successeur, ami de la famille Gosselin, hérita de sa bienveillance à l'égard de la future fondation. Il lui donna pour Supérieur M. l'abbé Pierre Sauvage, premier vicaire de la paroisse Saint-Jacques de Lisieux ; et ce prêtre zélé, aussi distingué par son intelligence que par sa piété, mit tout en œuvre pour faire aboutir le projet.

Il lui fallut beaucoup de courage et de persévérance ; il dut frapper à la porte de bien des Carmels avant d'en obtenir des religieuses. Enfin ses vœux, ceux de Mlles Gosselin et de plusieurs postulantes qui s'étaient jointes à elles, furent exaucés. Le pieux Supérieur, ayant fait un pèlerinage à Notre-Dame de Grâce, pour obtenir l'heureux succès d'une démarche tentée auprès du Carmel de Poitiers, — sur le conseil de Monseigneur de Beauregard, évêque d'Orléans — reçut une réponse favorable. Le 21 février 1837, une lettre de la Révérende Mère Prieure (la Rév. Mère Pauline) lui annonça qu'elle consentait à donner des religieuses ; mais elle voulait qu'auparavant Mlles Gosselin et leurs compagnes vinssent à Poitiers pour y faire leur noviciat.

Les postulantes se rendirent à son appel. Elle les accueillit le 14 avril de la même année et leur donna le saint Habit, en leur imposant les noms des quatre premières Carmélites de la Réforme de sainte Thérèse : l'aînée des deux sœurs fut appelée Thérèse de Saint-Joseph ; la seconde, Marie de la Croix ; et les autres novices, Antoinette du Saint-Esprit et Ursule des Saints.

L'année suivante, le temps de prononcer leurs vœux approchant, elles revinrent à Lisieux, accompagnées de deux religieuses professes de Poitiers : la Sœur Elisabeth de Saint-Louis, qui fut nommée Prieure, et la Sœur Geneviève de Sainte-Thérèse, Sous-Prieure et Maîtresse des novices.

Ce retour s'effectua, comme l'aller, par la diligence. Bien qu'on fût dans un temps troublé par les événements politiques où l'on hésitait à voyager avec le costume religieux, le pieux groupe avait refusé de prendre des habits séculiers ; et les deux professes eurent le courage de traverser Paris avec leur grand voile noir qui attira singulièrement les regards, sans que personne cependant osât les insulter. Le voyage se passa sans incidents ; mais à Lisieux, une réception bizarre attendait les voyageuses. Ces premières scènes de la fondation rappellent celles que la plume de sainte Thérèse a immortalisées.

Rien ne fut plus triste et plus glacial que l'arrivée de la petite troupe, à la tombée de la nuit et par une pluie battante ; que le long trajet dans un chariot couvert d'une bâche, amené en guise de carrosse par un ami trop respectueux de la pauvreté carmélitaine. Il faut aussi noter l'accueil étrange d'une bienfaitrice, Mme Le Boucher, qui, avertie par une amie scrupuleuse de ne point rompre le grand silence, gardé par les Carmélites à partir de huit heures du soir, s'y conforma docilement et, les introduisant chez elle, les laissa toute la soirée sans leur adresser la parole !

CHAPITRE II

Installation provisoire.

———•|•———

Ce fut le 16 mars 1838 que les Sœurs débarquèrent à Lisieux.

Pendant le séjour des novices à Poitiers, M. l'abbé Sauvage avait en vain multiplié ses recherches pour découvrir dans la ville une maison convenable. Mme Le Boucher vint à son secours en offrant gratuitement aux Carmélites une partie de son habitation ; mais ce ne pouvait être qu'à titre provisoire.

La maison, située chaussée de Beuvillers, était couverte de chaume ; les religieuses y trouvèrent la « pauvreté de Bethléem telle qu'elles l'avaient rêvée dans leurs oraisons », écrivait plus tard la Révérende Mère Geneviève de Sainte-Thérèse.

L'étroitesse du logis égalait sa misère :

point de cellules pour les novices, mais un dortoir formé par la réunion de deux mansardes dont on avait enlevé la porte de communication. Au premier étage, une pièce décemment aménagée et transformée en chapelle ; une autre, à côté, servant de chœur ; puis, au bout d'un étroit corridor, une chambre de dix mètres carrés que l'on avait divisée en trois compartiments, à l'aide de cloisons : le premier servait de cuisine, le second de réfectoire et de salle de récréation, et le troisième de cellule pour la Mère Sous-Prieure. Cette dernière devait user de précautions en quittant ou réintégrant son étroit réduit, sous peine de renverser la poêle et les écuelles. L'exiguïté du réfectoire permettait à peine aux Sœurs de se placer à table.

L'ameublement répondait au logis : dans la cuisine, une caisse prenait le titre pompeux de buffet ; un devant de cheminée, habilement placé dans un angle, se transformait en garde-manger ; quant à la table de service, le sol pavé devait en tenir lieu.

La vaisselle était en tel nombre qu'on devait la laver au milieu du dîner afin de pouvoir achever le repas.

A ce même premier étage qui, avec les mansardes des novices, composait tout le couvent, se trouvait encore un cabinet de taille suffisante pour que la Mère Prieure se l'adjugeât comme cellule. De parloir il ne pouvait être question ; mais, au milieu du corridor, une porte grillée servait à recevoir les visiteurs et remplaçait le tour. L'idée en était fort ingénieuse, mais l'usage peu pratique, ce couloir étant le seul passage par lequel on atteignait l'escalier conduisant aux mansardes.

Enfin, le domaine se complétait d'une cour et d'un jardin exposés à la vue de tous les gens du voisinage ; si bien que les pieuses filles, jalouses de garder le plus possible leur clôture, n'y descendaient que rarement.

D'ailleurs, la ville n'avait pas manifesté d'enthousiasme à l'arrivée des nouvelles venues. Loin de là ! M. l'abbé Nicolas Sauvage, curé de Saint-Jacques et oncle du Supérieur, entendait les rumeurs malveillantes qui circulaient à leur sujet ; aussi, lorsqu'il officiait dans leur petite chapelle, il le faisait à voix basse, comme les prêtres des premiers âges de l'Eglise au fond des catacombes. Mais les religieuses, au lieu de partager sa frayeur, s'égayaient de ces précautions et, les jours de fête, chantaient l'office à pleine voix.

Depuis la veille de leur arrivée, Notre-Seigneur habitait dans le pauvre Tabernacle et, en sa divine compagnie, elles trouvaient leur dénuement plein de charmes. Elles goûtaient la joie inséparable des privations généreusement acceptées ; et les incommodités dont elles avaient à souffrir alimentaient les gais propos de leurs récréations. Enfin elles étaient pleines de ferveur et menaient la vie la plus régulière qui se puisse voir en pareil couvent, gardant la clôture en tout ce qu'elle avait de compatible avec leur installation.

CHAPITRE III

Etablissement du monastère, rue de Livarot

—+—

Cet état de choses dura cinq mois pendant lesquels une maison assez grande, sise rue de Livarot, fut enfin trouvée et achetée. Cette maison, très vieille, était bâtie sur l'emplacement de la demeure actuelle des sœurs tourières.

Les Mères Prieure et Sous-Prieure, accompagnées de Sœur Thérèse de Saint-Joseph (qui, dans la suite, remplira une fois la charge de Prieure et sera l'un des meilleurs sujets de la fondation naissante), se rendirent sur place pour étudier le nouveau local et voir comment il pourrait être transformé en monastère. C'est alors que se révéla le talent d'organisation de la Révérende Mère Elisabeth, talent qui avait motivé le choix des Supérieurs à son égard pour fonder le Carmel de Lisieux.

Au cours des travaux, M. l'abbé Sauvage eut l'idée de préparer un reposoir dans le corridor de la nouvelle maison pour la procession du Saint Sacrement. Devant ce reposoir, surmonté d'un portrait de sainte Thérèse, une pieuse jeune fille, dont il sera de nouveau question dans le cours de ce récit sous le nom de Sœur Adélaïde de la Providence, vit la toile s'animer et entendit ces paroles : « C'est ici que tu seras religieuse. » D'année en année, le Carmel continue encore à recevoir la visite triomphale de Jésus-Eucharistie, au jour de la Fête-Dieu.

Malgré cette première prise de possession par Notre-Seigneur lui-même, la maison était encore dans un véritable chaos.

Cependant Mgr Robin, sans attendre l'achèvement du monastère, vint le bénir le 24 août, date choisie par lui sans dessein et qui se trouvait être justement l'anniversaire de la fondation, par sainte Thérèse, à Avila, du premier couvent de sa Réforme.

Un grand nombre de personnes vinrent à la cérémonie, attirées sans doute plus par la curiosité que par la dévotion ou la sympathie ; car, si les autorités de la ville n'étaient point hostiles à la fondation, on la trouvait du moins sans utilité ; le rôle des Ordres contemplatifs restait incompris de beaucoup de chrétiens. Les orateurs qui devaient bientôt prendre la parole dans la chapelle, à l'occasion de vêtures ou de prises de voile, s'efforcèrent de dissiper ces préjugés et y réussirent en partie.

Mgr Robin célébra donc pour la première fois le saint Sacrifice de la Messe dans cette chapelle provisoire, qui devait servir jusqu'en 1852, et le Carmel de Lisieux fut dédié à « Marie conçue sans péché ». Plus tard, il reçut également pour titulaire le Sacré-Cœur de Jésus.

Les Sœurs assistèrent à la fête, mais durent ensuite revenir à leur étroit logis, Chaussée de Beuvillers.

Cependant, les travaux étant enfin terminés, rue de Livarot, elles s'y fixèrent définitivement le 5 septembre 1838, se séparant, non sans émotion, de la charitable veuve qui s'était montrée pleine de bonté et de dévouement après la méprise du soir de l'arrivée. En ce 5 septembre, la clôture fut régulièrement établie.

Pourtant la nouvelle maison était loin d'être vaste et commode et de ressembler à un monastère régulier ! il avait fallu mansarder une partie du grenier pour arriver au chiffre de douze cellules. Les tourières — d'abord simples laïques — n'avaient point de logement pour passer la nuit. Ceci obligeait chaque soir une des postulantes à sortir de la clôture, pour fermer la porte extérieure, et mettait la Communauté dans l'impossibilité de communiquer avec le dehors, en cas de maladie ou d'alarme quelconque durant la nuit.

Plusieurs cellules, la salle du Chapitre, l'infirmerie furent désignées au premier étage ; mais, hélas ! malgré tout le talent organisateur de la Révérende Mère Elisabeth, il fallut se résoudre à placer la cuisine et le réfectoire au second, ce qui fut cause d'une fatigue extrême pour la pauvre sœur converse, fatigue qui détermina la maladie dont elle mourut. Et toutes les pièces, cela va sans dire, étaient réduites aux plus humbles dimensions.

Quelques jours après l'installation, le 16 du même mois, les deux Sœurs fondatrices et Sœur Antoinette du Saint-Esprit, dont le nom avait été changé en celui de Sœur Jean de la Croix, prononcèrent enfin leurs saints Vœux.

Déjà, aussitôt l'arrivée à Lisieux de la petite colonie, une postulante du voile blanc (1), Sœur Radegonde du Cœur de Jésus, avait été reçue, ainsi qu'une autre pour le chœur, Sœur Saint-Joseph. Il en vint bientôt une troisième, une veuve, Sœur Louise de Jésus, suivie de Sœur Adélaïde de la Providence et de Sœur Aimée de Jésus qui, dans la suite, ira, en qualité de Prieure, fonder le Carmel de Coutances après avoir gouverné trois ans celui de Lisieux, et qui édifiera l'un et l'autre par ses vertus. Enfin, dès 1840, on comptait déjà huit religieuses qui avaient fait Profession entre les mains de la Révérende Mère Elisabeth de Saint-Louis.

(1) Nom sous lequel on désigne les sœurs converses au Carmel.

CHAPITRE IV

Pauvreté du monastère.

Ses accroissements successifs.

———+———

Le Carmel s'agrandissait ; on achetait
peu à peu les maisons voisines, à mesure
qu'elles étaient à vendre. Mais la fortune
de Sœur Thérèse de Saint-Joseph et de
Sœur Marie de la Croix était peu considérable, et les premiers sujets n'avaient
apporté que peu ou point de dot. Le
Supérieur, si paternellement dévoué, devait
donc unir à beaucoup d'esprit pratique
et d'ingénieuse prudence, une large dose
d'abandon à la Providence. Plusieurs fois,
il eut recours à des quêtes qu'il fit, soit
en personne, soit par lettres-circulaires,
soit par le ministère désintéressé de
M. l'abbé Gauthier, aumônier du Collège
de Lisieux, que le Carmel peut mettre au

rang de ses premiers bienfaiteurs. Ces quêtes furent si peu fructueuses que M. l'abbé Gauthier y renonça. Une année, ayant employé ses deux mois de vacances à tendre ainsi la main de ville en ville, il revint avec la somme dérisoire de deux cents francs.

Il fut un temps où, si le vénéré Supérieur avait voulu contracter un emprunt, il eût pu acquérir une propriété voisine qui lui aurait permis de réaliser le plan du Cérémonial (1). La chose était tentante, et cependant, avec sagesse, il y renonça, comprenant sans doute les motifs qui, depuis, ont poussé le Saint-Père à défendre aux Communautés religieuses d'emprunter.

« Il semblait, écrit M. l'abbé Sauvage en son livre de la fondation, que Notre-Seigneur se chargeait de donner lui-même à ses épouses les secours temporels ; mais il les ménageait de manière à porter les âmes à un entier abandon entre ses mains. Parfois il ôtait les appuis sur lesquels on croyait pouvoir compter ; puis il leur en

____

(1) Livre où sont consignés les différents usages du Carmel et qui règle notamment comment les monastères seront édifiés et aménagés.

substituait d'autres qu'on n'eût jamais pu prévoir. Sans une protection particulière de sa Providence, les religieuses se seraient trouvées une multitude de fois privées du nécessaire ; elles ne sonnaient pas, comme les Clarisses, la cloche de détresse, mais Celui qui prend soin des oiseaux du Ciel envoyait à propos une petite aumône inattendue qui permettait d'aller au marché pour se procurer la nourriture quotidienne. »

Néanmoins la pauvreté fut assez grande pour que, plus d'une fois, les religieuses dussent se contenter de poireaux frits à leur dîner, mets qui rappelle les feuilles de vigne accommodées de la même façon par les premières compagnes de sainte Thérèse. L'une des postulantes vit sa vêture indéfiniment remise parce qu'on manquait d'argent pour se procurer l'étoffe de son Habit.

Comme on l'a vu plus haut, malgré toutes les difficultés, le Carmel réussissait à s'agrandir, mais, hélas ! combien lentement ! La Révérende Mère Elisabeth devait mourir, laissant le monastère régulier à peine ébauché. Il ne fut achevé qu'en 1877, c'est-à-dire quarante ans après le commencement des travaux. Pour mieux dire, le couvent actuel n'existait pas encore. La première grande aile fut bâtie en 1858, sous le priorat de la Révérende Mère Aimée de Jésus ; la Mère Thérèse de Saint-Joseph avait fait le plan et servait d'architecte. Les sacristies datent de la même époque. L'érection de la Chapelle avait précédé ; la première pierre en fut posée en 1845, le 10 juin, et elle fut bénite le 6 septembre 1852 ; un nouveau Chœur pour les religieuses fut édifié en même temps.

Enfin, la Révérende Mère Marie de Gonzague, qui devait ouvrir plus tard les portes du monastère à la B[sc] Thérèse de l'Enfant-Jésus, entreprit, en 1876, avec un dévouement bien méritoire, la seconde aile du couvent où se trouvent l'infirmerie et la cellule de la Servante de Dieu. Elle fit ériger également le Calvaire du préau et construire l'Oratoire du Sacré-Cœur avec le quatrième cloître qui acheva de donner au couvent la forme qu'il présente aujourd'hui.

Les parloirs actuels sont postérieurs à

l'entrée de la Bienheureuse, et même à sa vêture. La Servante de Dieu ne pénétra donc jamais dans leur partie extérieure, contrairement à ce que croient beaucoup de pèlerins.

CHAPITRE V

Mort de la Révérende Mère Elisabeth de Saint-Louis.

Cependant, pour en revenir à l'année 1841, le nécessaire était fait. Quoique mal à l'aise, la Communauté pouvait vivre. La Révérende Mère Elisabeth avait donc terminé son œuvre, et Dieu allait l'appeler au repos éternel.

Quelques mots sur cette digne Mère intéresseront le lecteur.

Atteinte, dans sa jeunesse religieuse, d'une maladie de poitrine que l'on pensait devoir être mortelle, elle en avait été miraculeusement délivrée par l'illustre et saint archevêque de Bordeaux, Mgr d'Aviau. Celui-ci étant entré au Carmel de Poitiers où se trouvait sa sœur, la Révérende Mère

Victoire, Mgr de Beauregard qui l'accompagnait lui désigna la Sœur Elisabeth et le pria d'user pour elle de sa puissance de thaumaturge. « Lui donnerons-nous les jours d'Ezéchias ? » demanda le saint prélat en souriant ; et, s'avançant vers elle, il la bénit. Elle était radicalement guérie !

Son noviciat, commencé au lendemain de la Révolution, et écoulé tout entier en des jours difficiles, avait fortement trempé son caractère. Il en paraissait quelque chose à l'extérieur : une certaine rudesse dans les formes ; mais elle rachetait ce côté défectueux par sa bonté, sa régularité, son courage, son zèle pour la gloire de Dieu et sa confiance si grande en la Providence. « Elle avait tout ce qu'il fallait pour faire réussir une fondation », écrivait à la fin de sa lettre de condoléances son ancienne Prieure de Poitiers, la Révérende Mère Pauline. Ses filles estimaient ses vertus et appréciaient son gouvernement ; les larmes et les regrets qu'elles donnèrent à sa mort prouvent aussi l'affection sincère qu'elle leur inspirait. Elle quitta ce monde en janvier 1842, âgée de soixante-cinq ans, après trois ans et demi de priorat.

La Révérende Mère Geneviève de Sainte-Thérèse fut élue Prieure à sa place. C'est elle qui devait être, au spirituel, la véritable Fondatrice et la Mère du Carmel de Lisieux, ayant engendré à la vie parfaite les âmes qui le composèrent, les ayant nourries de ses conseils et soutenues par ses soins et par ses exemples.

Mgr de Beauregard, le vénérable évêque d'Orléans, déjà nommé plusieurs fois, et dont il sera parlé bien souvent encore, le lui avait prophétisé par ces paroles : « Vous n'allez pas à Lisieux pour y bâtir une maison de pierres matérielles, mais pour y élever, en l'honneur de Dieu, un édifice de pierres vivantes qui sont les âmes. »

DEUXIEME PARTIE

La Révérende Mère
Geneviève de Sainte-Thérèse

1805-1891

CHAPITRE PREMIER

Enfance de Claire Bertrand. — Mort de sa mère.

———+———

Claire-Marie-Radegonde Bertrand naquit à Poitiers, le 19 juillet 1805. Son père, agent d'affaires, vivait dans une modeste aisance et fit donner à sa fille une instruction assez complète pour l'époque. C'était un bon chrétien et un honnête homme ; sa femme était fort pieuse. Après Claire, Dieu leur donna encore deux fils.

Dès le berceau, l'enfant étonna sa mère par son égalité d'humeur : jamais elle ne pleurait. Atteinte d'une grave maladie vers l'âge de deux ans, elle ne fit entendre aucune plainte, mais témoignait une gaieté plus grande qu'à l'ordinaire.

Cette douceur et cette endurance s'exercèrent peu après à l'égard de son institutrice. Confiée très jeune à ces mains étran-

gères, elle souffrit d'injustes et mauvais
traitements auxquels venaient s'ajouter les
petites persécutions de ses compagnes,
entraînées par l'exemple de l'indigne maîtresse. Les années passèrent ; Claire se tai-
sait. Elle garda son héroïque silence jusqu'au jour de sa première Communion ;
alors tout fut découvert, et sa mère, désolée de ce qu'elle avait dû souffrir, lui
reprocha tendrement de ne lui en avoir rien
dit. Elle, dans sa parfaite et candide charité,
s'écria : « O maman ! comment vouliez-vous
que je dise du mal de ma maîtresse ? Il
valait bien mieux que je souffre ! »

Mais d'où l'enfant recevait-elle une si sur-
prenante compréhension de la loi d'amour ?
où puisait-elle la force d'être si douce, et
de l'être avec tant de persévérance ?

C'est que déjà l'Esprit d'intelligence et de
force prenait ses délices en elle et se communiquait à son âme. Du moins, le trait
suivant le donne à supposer.

A peine âgée de trois ans et demi, elle
savait parfaitement lire, et dès lors, bien
souvent, tandis que ses compagnes jouaient
et couraient dans le jardin, Claire se reti-
rait à l'écart avec un livre. Ce livre, un

jour, tenta la curiosité d'une dame qui, passant auprès de la petite fille, s'étonnait de la voir si attentive. A sa question, l'enfant répondit : « Oui, Madame, ce livre est très intéressant, car c'est l'*Imitation de Notre-Seigneur Jésus-Christ*. »

La vertu précoce de Claire avait été remarquée par son vénérable curé, M. l'abbé de Beauregard, qui devint plus tard évêque d'Orléans. Ce saint prêtre, intrépide confesseur de la foi, s'était vu, aux jours sombres de la Révolution, refuser la palme du martyre, mais il avait été du nombre des glorieux déportés de Cayenne.

Il prépara la petite fille à sa première communion avec un soin particulier ; il pressentait déjà que Dieu avait de grands desseins sur cette âme, comme le révèle ce passage d'une lettre écrite vingt ans plus tard : « Dès votre plus tendre enfance, j'ai vu qu'il y avait en vous de quoi faire une sainte. » Aussi, animé de la vraie sagesse que Dieu accorde à ses serviteurs comme fruit et récompense de leur vertu, l'excellent directeur conduisit-il l'enfant, puis la jeune fille, par le droit chemin de la vérité. Pour la garder bonne et pure, pour perfectionner son âme, il cherchait à l'établir dans l'humilité, à la fois base et rempart de toutes les vertus.

« Pourquoi, petite, toutes ces frisures ? lui disait-il un jour où elle lui paraissait avoir usé d'une certaine recherche dans son ajustement. Coiffez-vous plus simplement. Avec des bandeaux, vous seriez bien mieux. Et, quant à votre toilette, demandez donc à votre mère des couleurs *rembrunies*. D'ailleurs, vous n'êtes point jolie, vous n'êtes point riche et vous n'avez point l'air agréable : à qui donc prétendez-vous plaire ? »

Claire avait seize ans lorsque mourut sa pieuse et excellente mère. Ce deuil cruel fut suivi d'une lourde responsabilité pour la jeune fille, responsabilité dont elle comprenait toute l'étendue et qu'elle embrassa avec sa générosité et sa douceur habituelles. Elle fut une mère tendre et dévouée pour ses frères ; l'exemple de ses vertus, l'empire qu'elle exerçait sur eux, les gardèrent toujours dans les sentiers du devoir.

Ils lui rendaient bien sa tendresse, d'ailleurs ; le petit Jules surtout avait pour elle l'affection la plus vive, la plus exubérante.

Pour ne pas le quitter, la grande sœur l'emmenait avec elle en visite, mais l'enfant s'ennuyait et, dès qu'ils se retrouvaient seuls, il se jetait dans ses bras : « Oh ! je ne me plais qu'avec toi, ma bonne Claire ! » lui disait-il avec ardeur.

Un soir, le pauvre petit, âgé de sept ans, fut le témoin inconscient d'une grâce extraordinaire dont le Seigneur favorisa son humble servante.

CHAPITRE II

Grâces extraordinaires. — Infidélités.

————

A la douleur de l'absence maternelle étaient venus s'ajouter de terribles soucis financiers et, pour les résoudre, on songeait à vendre la maison de famille, cette demeure pleine de si chers et de si doux souvenirs !

Un soir donc, M. Bertrand était sorti pour traiter cette affaire. Sa fille, comme anéantie par l'excès de son affliction, ne se sentait même pas la force de prier. Les sanglots l'étouffaient, mais elle n'osait laisser libre cours à ses larmes, de crainte d'affliger le petit Jules qui déjà, la voyant triste, ne cessait de la caresser. Elle prit un livre pour se donner une contenance et l'ouvrit au hasard. Ses yeux

tombèrent sur une petite image de Notre-
Seigneur ; à l'instant, par un coup fou-
droyant de la grâce, il se fit en son âme
une révolution soudaine et admirable, Dieu
l'inondait d'un torrent de lumière, et, comme
pour lui donner un signe visible de ce qu'il
opérait invisiblement, l'image du Sauveur
s'illuminait à ses yeux, si indifférents tout
à l'heure. Subitement elle comprit la valeur
de la souffrance, son action purifiante et
sanctifiante, et le néant de ce qui passe ; la
gloire du monde lui parut vaine et son mé-
pris désirable. Elle se sentait prête à men-
dier son pain, si tel devait être le bon
plaisir de Jésus. Remplie d'une consolation
ineffable, elle pleurait maintenant, mais
sans essayer de cacher ses larmes, larmes
de joie, divinement douces et suaves.

Le Père céleste, ayant ainsi ôté à son
enfant la terreur de la souffrance et lui
en ayant révélé le prix, fit encore disparaître la croix prête à s'appesantir sur ses
épaules. Une cousine dévouée procura à
M. Bertrand la situation dont il avait
besoin, la maison fut gardée et les soucis
matériels se dissipèrent.

Si l'on peut donner crédit à certaines

grâces extraordinaires, c'est bien à celles de notre héroïne. D'une imagination très calme, d'un mysticisme très simple, d'une piété toute de foi et ennemie du sentiment, d'un jugement parfait, d'une humilité profonde qui la faisait se croire indigne des faveurs célestes, il serait difficile d'admettre que le démon l'ait abusée ou qu'elle se soit trompée elle-même.

Après les événements qu'on vient de raconter, une année se passa. Claire atteignait dix-sept ans ; elle priait et demandait à Dieu de lui faire connaître ce qu'il désirait d'elle. Un jour, la réponse vint inattendue, délicieuse, irrésistible.

« Je me trouvais seule dans ma chambre, racontait-elle plus tard, j'étais agenouillée pour faire ma prière du matin lorsque, tout à coup, l'appartement disparut à mes yeux ; je ne sais où j'étais, si j'avais un corps ou si je n'en avais plus... Plongée dans une lumière et une joie ineffables, j'entendis une voix si mélodieuse que toutes les harmonies d'ici-bas n'en peuvent donne l'idée ; elle chantait ces paroles, laissant entre elles un intervalle mystérieux :

« *Etre l'épouse d'un Dieu !... Quel titre !... Quel privilège !...* »

« Puis le silence se fit, la lumière disparut, et je me retrouvai inondée de larmes
et dans un bonheur enivrant, comme une
personne qui reviendrait du Ciel après en
avoir contemplé les splendeurs et pénétré
les insondables secrets. »

La voix céleste n'avait pas parlé du
Carmel et cependant, à partir de ce jour,
ce fut de ce côté que se dirigèrent les
aspirations de la jeune fille. Sans retard,
elle alla demander son admission au monastère de Poitiers ; mais M. Bertrand, informé
de ses projets, s'y était présenté avant elle
et avait obtenu la promesse qu'on ne le
priverait jamais de sa fille. Quand donc la
pauvre enfant arriva toute joyeuse, la
Révérende Mère Aimée de Jésus (1), alors
Prieure, lui dit presque à brûle-pourpoint :
« Vous voulez faire vœu d'obéissance, n'est-
ce pas, mon enfant ? Vous allez donc commencer à le pratiquer en retournant près
de votre père. Je vous ferai dire quand vous
devrez entrer. »

(1) De la famille d'Ulys, si connue alors à Poitiers et
ans les environs pour ses bienfaits sans nombre.

Claire, le cœur brisé, comprit qu'elle devrait attendre la mort de son père ; mais la pensée que ce retard lui était imposé par Dieu lui-même ramena bientôt la paix dans son âme.

Ce fut peu de temps après que M. l'abbé de Beauregard, son vénéré directeur, fut nommé évêque d'Orléans. Nouveau et grand sacrifice pour la pieuse jeune fille qui perdait en lui un guide si dévoué et si paternel.

Tout en continuant par lettres à demander ses conseils, elle crut sage de prendre un autre directeur à Poitiers même. Elle songea à s'adresser à M. l'abbé de Rochemonteix, Supérieur du Carmel ; mais pour avoir le mérite de l'obéissance, elle pria la vieille et sainte cousine qui lui servait de mentor depuis la mort de sa mère, Mlle Thérèse Bertrand, de lui choisir elle-même un directeur. Elle se disait : « Bien sûr que ma cousine Thérèse va m'envoyer à quelque bon vieux chanoine de la cathédrale ! » Il arriva le contraire, M. l'abbé de Rochemonteix lui fut proposé.

Celui-ci comprit, à son tour, que Dieu attendait une grande perfection de cette âme d'élite, et il la reprit et l'humilia sans relâche. Un petit trait prouvera combien ce régime était utile à son âme.

C'était alors la mode des châles, et on lui en avait donné un très beau qu'elle laissait flotter avec grâce sur ses épaules. Intérieurement, elle sentait que Dieu lui demandait le sacrifice de cette petite satisfaction d'amour-propre ; il eût suffi d'une épingle pour attacher le vêtement et lui donner plus de simplicité. « Mais je refusai à Jésus cette épingle ! avouera-t-elle un jour ; quelle ingratitude ! » Cependant le Divin Maître la poursuivit par l'organe de son directeur : « Il y a en vous, mon enfant, lui dit-il, une certaine harmonie que je voudrais voir disparaître. — Mon Père, répliqua-t-elle, je ne puis m'habiller plus simplement ; voyez : j'ai une robe brune, et ce châle, on me l'a donné ; ne faut-il pas que je le porte ? »

La voix du ministre de Dieu s'unissant à celle de sa conscience ne réussit pas tout de suite à vaincre la vanité de Claire. Mgr de Beauregard lui écrivait longtemps après au Carmel : « Humiliez-vous, tenez-vous bien petite, *souvenez-vous que vous*

avez autrefois porté un châle qui a déplu
à Dieu et à moi. »

Comment le saint vieillard connaissait-il ce
secret que la jeune religieuse n'avait confié
à personne ? Seul Notre-Seigneur avait pu
le lui révéler, indiquant ainsi l'importance,
attachée par son Cœur divin, à ce fait en
apparence si petit.

CHAPITRE III

Physionomie de Claire. — Elle fait du bien à tous.

—+—

En ce qui vient d'être raconté, la jeune
fille n'avait eu cependant d'autre désir,
a-t-elle avoué plus tard, que de se
donner une petite satisfaction personnelle.
Elle ne pensait point à plaire, bien qu'elle
reçût plusieurs propositions de mariage.
Malgré sa modestie, en effet, ou plutôt à
cause même de cette modestie, elle attirait
l'attention. Sa grande douceur était accompagnée de bonté, de délicatesse ; elle
s'alliait à une nature ardente, malgré un
abord un peu froid, à un cœur aimant et
généreux, à une vive intelligence, à un
grand bon sens joint à une simplicité de
colombe. On la remarquait donc, et elle
se conciliait si bien l'estime et la sympathie générales que, malgré son humble

position, on tenait à honneur de la recevoir dans les milieux les plus distingués. Et partout sa vertu, sa piété exerçaient une influence salutaire sur les âmes.

Un dimanche, étant allée en promenade avec des personnes fort élégantes de sa connaissance, elle assista à la messe dans une pauvre église de village. Elle en sortit navrée : tout, dans le divin temple, lui avait brisé le cœur; c'était plus que la pauvreté de Bethléem, c'était une misère et un désordre lamentables et sacrilèges. Elle en demeurait sans paroles : « Qu'avez-vous ? lui demanda-t-on. — Ah ! répondit-elle, je suis étonnée que vous ne partagiez pas ma tristesse, et je me demande comment vous avez pu, sans douleur, assister à cette messe, couvertes de dentelles, avec des chapeaux magnifiques, alors que Notre-Seigneur est plus mal logé qu'un mendiant des rues et plus mal vêtu que vos serviteurs. » Cette parole fut accompagnée de tant d'onction qu'elle ne blessa point les riches mondaines, mais les pénétra de confusion et de remords; et bientôt la pauvre grange fit place à une **jolie chapelle.**

Auprès des pauvres, l'ascendant de Claire était le même. D'ailleurs elle les aimait si sincèrement et s'occupait d'eux avec tant de bonheur, que les déshérités de ce monde la regardaient comme un ange descendu du ciel pour les consoler. Passant chaque année plusieurs mois à la campagne, elle enseignait le catéchisme aux petits villageois. L'anecdote suivante révèle le succès de son apostolat et l'admiration naïve qu'elle inspirait aux simples : « Ah ! Mam'zelle, lui dit une pauvre femme, ne me refusez pas de vous charger de ma fille ; je vous avertis qu'elle est mauvaise comme une chouette et à moitié idiote, mais ça n'fait rien, vous pouvez lui donner de l'esprit, ça n'tient qu'à vous de l'vouloir ! » La jeune fille accepta la pénible tâche et donna vraiment de l'esprit à l'enfant, la rendant surtout pieuse et bonne.

Au sein de sa famille, Claire était, plus que partout ailleurs, affectueuse et dévouée. Son père l'aimait avec la plus vive tendresse. Un jour, le voyant triste et soucieux, sa compassion filiale lui fit verser des larmes en secret ; il les devina à ses yeux rougis et s'écria douloureusement : « Que je suis un homme malheureux ! J'ai fait pleurer ma fille ! »

Cependant il y eut parfois des notes discordantes à ce concert d'affection. La piété de l'humble enfant déplut à l'un de ses oncles qui l'avait invitée à faire un séjour près de lui. Sombre et bourru de caractère, il s'écria avec humeur en la voyant revenir de la messe un matin : « Si j'avais une telle fille, je la mettrais à la porte de ma maison ! » Claire se retira dans sa chambre et fondit en larmes ; mais quand sa bonne tante, désolée, lui conseilla de retourner aussitôt chez son père, elle s'y refusa : ce départ précipité révélerait le pénible incident et mettrait peut-être la désunion dans la famille ; mieux valait qu'elle souffrît ! Elle resta donc, et cet homme farouche fut si touché de son humble et charitable conduite qu'il s'adoucit complètement et, plus tard, se laissa guider par sa sainte nièce dans les voies spirituelles.

Mais l'heure approchait où cette âme privilégiée allait dire adieu à ce monde qui l'avait vue passer en faisant le bien...

CHAPITRE IV

Entrée de Claire au Carmel de Poitiers. — Ses débuts dans la vie religieuse. — Terrible épreuve.

Claire était âgée de 24 ans lorsqu'elle ferma les yeux de son bon père. Libre alors de répondre à l'appel divin, elle se vit arrêtée cette fois par son directeur qui feignait de ne pas croire à sa vocation. Néanmoins, l'épreuve ne fut pas longue. Ceci se passait au début de 1830, et, le 26 mars de la même année, la jeune fille était admise enfin au Carmel de Poitiers, sous le nom de Sœur Geneviève de Sainte-Thérèse.

Il y a dans cet événement un fait qui montre d'une manière saisissante ce que vaut la fidélité à la grâce, et les conséquences infiniment regrettables auxquelles on s'expose en laissant passer l'heure de Dieu.

Quand le jour et le moment choisis
pour l'entrée de la postulante furent
arrivés, elle s'en fut au Carmel accompagnée de sa cousine. La joie lui donnait
des ailes, elle ne marchait pas, elle volait,
Mlle Thérèse Bertrand n'arrivait point à
la suivre et s'étonnait de la rapidité de
sa course.

Or, une heure après que la porte de
clôture se fut refermée sur elle, il se pro-
duisit dans la famille un incident d'une
telle gravité que, si elle n'eût déjà franchi
le seuil du Carmel, sa vocation était brisée
pour toujours. Il est vrai qu'elle n'était
liée encore d'aucune manière, mais la
voix de sa pieuse cousine s'éleva pour la
défendre et, déclarant qu'il était trop tard
pour revenir sur le fait accompli, obtint
qu'on la laisserait en paix servir Dieu à
l'ombre du cloître.

Les premières paroles que lui adressa
la Révérende Mère Aimée de Jésus se
gravèrent dans sa mémoire, comme un
programme de vie parfaite qu'elle s'efforça
de réaliser : « Mon enfant, si vous voulez
être sainte et toujours heureuse, retenez
bien ceci : qu'on ne sache jamais ce qui

vous plaît ou vous déplaît, ce qui vous est agréable ou désagréable, ce que vous aimez ou n'aimez pas. »

La Mère Prieure ne fut d'ailleurs pas la seule à l'exciter à la ferveur. La postulante trouvait dans la communauté plusieurs vénérables anciennes qui, déjà professes au temps de la Terreur, avaient alors héroïquement souffert pour garder leurs engagements sacrés. L'exemple de ces saintes Carmélites donna un élan rapide à la petite Sœur Geneviève dans la pratique de toutes les vertus religieuses. A son tour, Dieu vint directement seconder ses efforts en lui versant « la rosée salutaire de l'humiliation ». Dans le monde, la postulante avait fait preuve d'une grande aptitude pour le travail manuel ; et voici qu'au Carmel elle devenait incapable, malgré toute sa bonne volonté, d'exécuter les travaux de couture les plus élémentaires.

Cependant l'époque de sa vêture arriva ; les événements politiques étaient menaçants : peut-être reverrait-on les jours de 1793 et les persécutions sanglantes contre les religieuses ? Sœur Geneviève ayant déclaré qu'elle suivrait avec joie ses mères et sœurs en prison et à la mort, on lui donna le saint Habit.

Une nouvelle ère de plus grande ferveur, de plus grande paix, de plus grande allégresse commença au jour de ses divines fiançailles. Tous les exercices de la vie régulière lui semblaient délicieux ; âme d'oraison, la solitude avait pour elle tant de charmes qu'elle se prenait parfois, dans les transports de son bonheur, à baiser avec amour les murs de sa cellule.

La moitié de son année de noviciat s'écoula ainsi lorsque, subitement, ce consolant état d'âme fit place à la plus affreuse tempête ; elle-même l'a raconté plus d'une fois en ces termes : « Six mois avant ma profession, M. l'abbé de Roche-monteix nous prêcha la retraite et, dans l'un de ses sermons, il nous fit une peinture saisissante des trois états dans lesquels les âmes peuvent se trouver en cette vie. Dans le tableau des âmes imparfaites, encore moins dans celui des âmes ferventes, je ne pus me reconnaître ; mais quand il vint à décrire l'état des âmes en péché mortel, je me sentis profondément remuée ; à mesure qu'il parlait, je me reconnaissais davantage. Troublée au delà de toute expression, je rentrai dans notre cellule, presque réduite au désespoir... Ne sachant plus que faire, incapable de prier, je m'assis près de notre lit (il était tard, c'était après Matines), lorsque, dans le silence de la nuit, une voix étrange qui semblait venir du dehors me dit très haut et distinctement : « *Tu as pu... et tu n'as pas voulu !...* » Saisissant mon Crucifix, je le tendis vers l'endroit d'où venait cette voix et répondis : « Pardonnez-moi, mon Dieu !... pardonnez-moi !... Voici ma caution !... » Je demeurai toute la nuit dans une angoisse mortelle, sous le coup de la justice divine prête à me précipiter aux abîmes...

« Dès le matin, j'allai me confesser, et quelle ne fut pas ma surprise en m'entendant donner, pour pénitence, une neuvaine de communions !... Je m'approchai de la sainte Table en retenant ce cri : « Je suis damnée ! » Mais à peine l'Hostie sainte avait-elle touché mes lèvres que je sentis les larmes monter à mes paupières et couler par torrents... La paix m'était rendue, et je ne gardai plus de mes péchés qu'une contrition douce et profonde.

« Quelque temps après, pensant à ce que j'avais souffert, j'adressai naïvement mes plaintes à Notre-Seigneur, je lui dis : « Pourquoi, mon Jésus, avez-vous permis un pareil orage ? Oh ! que c'était affreux ! La réponse ne se fit pas attendre : « *Si je l'ai permis, ce n'est que par amour et pour t'épargner dix ans de purgatoire !* »

Le jour allait bientôt venir où l'une des filles de la Révérende Mère Geneviève, la plus illustre : la B⁸ᵉ Thérèse de l'Enfant-Jésus, dirait que « le feu de l'amour est plus purifiant que le feu du Purgatoire » ; mais avant que sonnât l'heure de cette divine révélation, le Seigneur, doux et miséricordieux, commuait déjà en quelques heures d'angoisses les longs tourments qu'il aurait dû, en rigueur de justice, infliger à sa petite servante.

CHAPITRE V

**Profession. — Délaissement intérieur.
Vertus héroïques.**

———+———

Après cette grâce, Sœur Geneviève se remit avec plus de ferveur au travail de sa sanctification et, le 22 juillet 1831, elle prononça ses saints Vœux.

Ce grand et beau jour fut sans consolations ; il lui semblait être abandonnée du Dieu qui devenait son Epoux. Elle le conjura alors, avec larmes, de l'agréer au moins pour esclave, puisqu'il ne voulait pas la traiter en épouse. Et, s'adonnant plus que jamais aux exercices de l'humilité, elle supplia sa Mère Prieure de lui confier un emploi qui lui permît de se mettre au service de ses sœurs.

Elle devint ainsi troisième infirmière. Les malades étaient alors nombreuses, et il s'en trouvait une couverte de plaies fétides et fort répugnantes à soigner. Sœur Geneviève était nuit et jour dans l'air infecté de cette infirmerie, et le docteur ne put s'empêcher d'en exprimer son admiration : « Celle qui a soigné cette religieuse est évidemment une sainte, dit-il la veille du décès, car, sans un secours particulier de Dieu, il n'est pas possible d'avoir pu supporter si longtemps une pareille odeur. »

Une autre malade réclama d'elle des soins bien pénibles encore : en plein été, il lui fallait sécher des linges devant un feu ardent ; et cela tous les jours et si longtemps que son visage en était tout enflammé et presque au vif.

Elle endurait ces mortifications en silence et montrait une telle sérénité, malgré sa grande épreuve intérieure, que ses sœurs s'y méprirent. S'apercevant qu'elle manquait d'appétit, elles pensèrent que la joie d'avoir fait profession devait en être la cause et le lui dirent un jour. Sœur Geneviève ne les éclaira point sur ses souffrances intimes, et continua sa vie humble et cachée.

Ces souffrances pourtant touchaient à

leur terme ; l'Epoux céleste recommença peu à peu à faire sentir sa présence ; ce n'était ni l'extase, ni même la consolation, mais une vie d'union dans la foi, rendue plus douce et plus suave par un sentiment plus vif de confiance filiale envers Dieu.

Depuis la fin de cette épreuve jusqu'au projet de fondation du Carmel de Lisieux, c'est-à-dire jusqu'en 1837, la vie de Sœur Geneviève fut sans événements ; seule, la mort de la vénérée Mère Aimée de Jésus, si chère à sa fille spirituelle, marqua douloureusement dans cette phase de son existence. Néanmoins, malgré son chagrin profond, sa paix ne fut pas troublée. Recevant la visite de sa bonne cousine qui lui disait tout émue : « Que vas-tu devenir maintenant, ma pauvre enfant ? Tu vas être bien malheureuse ! — Si j'étais venue au Carmel pour notre Mère, répliqua la jeune Sœur, je serais bien malheureuse sans doute ; mais j'y suis venue pour Dieu qui ne me manquera jamais ; ainsi je serai toujours heureuse. »

Ame simple, remplie d'esprit de foi, Sœur Geneviève ne se laissait point guider par le sentiment ; l'affection pour la créature ne l'empêchait pas de regarder Dieu avant tout dans ses Supérieurs. Ce respect de l'autorité, cette estime donnée à ses ordres comme s'ils émanaient de Dieu même, expliquent l'aveu qu'elle fit un jour : « Je n'ai d'attrait que pour l'obéissance. »

Elle avait dit d'abord : « Je ne me sens portée, en fait de pénitence, que vers celle de Règle et en usage au monastère. » Ce qui revenait à dire, en somme, qu'elle n'estimait les pénitences corporelles qu'autant qu'elles lui étaient dictées par l'obéissance. Plus tard, elle l'affirmera positivement. Lorsque, vénérable Prieure, elle entendra la Mère Marie de Gonzague la consulter au sujet des mortifications surérogatoires à permettre aux novices : « Prenez garde, ma Mère, dira-t-elle ; car, sans une grande prudence et un grand discernement, tout cela n'est que vanité et nourrit l'amour-propre. Apprenez à vos filles à rompre leur volonté, à pratiquer la charité, à remplir parfaitement toute la Règle ; c'est là la vraie, la bonne pénitence qui est toujours agréable au bon Dieu. »

Néanmoins, malgré les avis de la prudente Mère, on tomba dans l'excès sous ce rapport. Un détail assez original à noter : les orties poussaient en liberté dans le jardin, pour servir aux disciplines supplémentaires de la Communauté.

C'est en voyant, de ses yeux, le résultat produit par ces pénitences à l'égard de la sanctification des âmes, que la B⁸ᵉ Thérèse de l'Enfant-Jésus s'appliqua à trouver un moyen plus rapide et plus sûr pour s'élever à la sainteté.

La charité fraternelle imprima aussi, dans l'âme de la petite Sœur Geneviève, son sceau tout divin. Elle commença à la manifester d'une façon plus vive quand, devenue *provisoire*, elle eut à l'exercer à l'égard de toutes les Sœurs. Au Carmel, la provisoire est chargée de régler les repas et de veiller sur les sœurs de la cuisine ; elle peut, en conséquence, dans cet ordre de choses, adoucir par sa charité les austérités de la Règle ou les rendre deux fois plus dures par sa négligence. Notre petite Sœur s'en tira à l'édification et à la satisfaction générales. Elle en profita aussi pour se *venger* d'une Sœur qui lui avait causé de la peine. Elle la poursuivit tant de ses bons soins, que la religieuse, confuse et repentante, vint un jour se jeter à ses pieds, en lui disant : « Je suis vaincue par votre charité, pardonnez-moi. » — « Et, disait la bonne Mère en racontant cette anecdote dans ses dernières années, cette fois-là je n'agissais pas pour me vaincre, mais vraiment par affection : depuis que cette chère Sœur m'avait fait de la peine, je l'aimais davantage. »

CHAPITRE VI

**Premières nouvelles de la fondation d'un Carmel
à Lisieux. — Sœur Geneviève, maîtresse des
novices. — Adieux au Carmel de Poitiers.**

C'est dans son emploi de provisoire que
l'annonce d'un projet de fondation à Lisieux
vint trouver Sœur Geneviève de Sainte-
Thérèse. L'espoir d'y goûter une pauvreté
plus grande lui donna le désir d'en faire
partie ; mais elle n'en témoigna rien, se
disant : « Si le bon Dieu me veut pour
cette œuvre, il saura bien l'inspirer aux
Supérieurs. » En effet, comme on l'a vu au
commencement de ce récit, la Révérende
Mère Pauline, qui avait succédé à la Révérende Mère Aimée de Jésus, la destina
dans sa pensée pour la nouvelle fondation,
mais elle ne l'en informa point, se con-
tentant de la nommer maîtresse des
novices. Sœur Geneviève fut prévenue de

cet événement par Notre - Seigneur lui-même. Pendant l'Oraison du soir, elle entendit ces paroles intérieures : « *Ma fille, on te permettra demain de t'unir à moi par la communion ; ensuite, la Mère Prieure t'appellera et, après t'avoir fait lire le sermon sur l'obéissance que tu as copié, elle te nommera maîtresse des novices.* »

L'humble petite Sœur fut bien troublée de cette révélation qui lui parut venir du démon. Elle en chassa de son mieux la pensée ; mais le lendemain matin, à sa grande surprise, on lui ordonna de communier ; puis, la Révérende Mère Pauline, la faisant venir dans sa cellule, lui dit : « Prenez le cahier que vous avez écrit et lisez-moi le sermon sur l'obéissance. » Très émue, Sœur Geneviève lut d'une voix tremblante ; puis sa Mère Prieure lui annonça qu'elle la chargeait des novices. Alors elle comprit que ce n'était point l'esprit de ténèbres, mais Notre-Seigneur qui lui avait parlé, ce qui la remplit de consolation.

Le saint Evêque d'Orléans fut mis au courant de la nouvelle, et il répondit bientôt par cette lettre que le lecteur pourra lire avec profit, si lui-même a charge d'âmes :

« Vous serez bien étonnée de savoir que
« vous ne m'avez rien appris de l'affaire
« du vicaire de Saint-Jacques de Lisieux
« et des quatre novices qui vous sont con-
« fiées. Seulement, je tournais dans ma
« tête que vous seriez pour quelque chose
« dans cette sainte aventure ; mais j'étais
« encore peu certain de ce que vous seriez,
« soit qu'on envoyât des Carmélites à
« Lisieux, soit que les novices vinssent à
« Poitiers, et je mesurais dans mon esprit
« si vous ne pourriez pas, dans l'un ou
« l'autre cas, être maîtresse des novices.
« Parlons de votre emploi : il est d'une
« grande importance. La première chose
« que vous devez faire est de vous adres-
« ser à Dieu avec confiance et de le prier
« de bénir vos travaux ; la seconde est de
« vous rendre aimable à vos novices, de
« gagner leur confiance et leur cœur ; la
« troisième, d'user d'une grande adresse
« pour deviner le fond des âmes, les pen-
« chants du cœur, surtout les caractères,

« car le caractère est la source du bien
« comme du mal ; la quatrième, c'est d'être
« d'une admirable douceur et impertur-
« bable patience, écoutant tout sans jamais
« montrer de l'inquiétude ; la cinquième,
« c'est de vous conduire en toutes choses
« avec grande régularité et humilité.

« Quant à ces jeunes filles, il faut d'abord
« bien établir dans leurs âmes un vrai
« désir d'être à Dieu et de lui donner tout.
« Quand ce principe est bien établi, le
« reste sera plus facile. Inspirez une large
« confiance, et *dites souvent que Dieu*
« *n'est point un disputeur,* qu'il excuse
« facilement les âmes qui sont à lui.

« Si vous voulez apprendre à vos filles
« à se dépouiller de leurs défauts, à se
« dévêtir du vieil habit d'Adam, faites-les
« commencer par de très petits sacrifices,
« surtout les sacrifices intérieurs, mais
« d'abord si petits qu'ils ne coûtent guère.
« Attaquez la sensibilité, la susceptibilité,
« l'amour-propre. Quand elles feront des
« fautes, consolez-les, promettez-leur de
« prier pour elles. Apprenez-leur d'être
« franches et brèves à confesse. Ensei-
« gnez-leur à mépriser les tentations, à

« laisser aboyer les chiens de village.
« Enfin, ne vous étonnez de rien, ne vous
« découragez de rien, consolez-vous vous-
« même. Ne parlez jamais de vos novices
« qu'à la Mère et au Père, mais à ce
« dernier peu et rarement. »

Mère Geneviève se modela sur ces sages
conseils, et les novices formées par elle
à la vie religieuse devinrent des âmes
fortes et humbles ; elles héritèrent de son
cachet de simplicité qui est, du reste, celui
du Carmel. Leur sainte maîtresse aimait
à leur répéter que « Dieu n'est point un
disputeur ».

Mais le temps passait, les novices touchaient au moment de leur profession,
l'heure du départ était venue. La Révérende Mère Pauline annonça à Sœur Geneviève de Sainte-Thérèse qu'elle était
choisie pour la fondation, et la nomma
Sous-Prieure.

Sœur Elisabeth de Saint-Louis, qui fut à
son tour désignée pour Prieure, était, depuis plusieurs années, la compagne d'emploi de Sœur Geneviève, « aussi s'enten-
daient-elles parfaitement ensemble ». Cette
conclusion de la sainte Mère n'est pas

d'une logique absolue, car on peut vivre
ensemble longtemps, sans jamais sympa-
thiser ; elle était sincère pourtant dans la
circonstance, ce passage d'une autre lettre
de Mère Geneviève à M. l'abbé Sauvage
ne permet pas d'en douter : « Je vous
dirai, Monsieur l'abbé, pour votre consolation, que le cœur de ma Sœur Elisabeth
et le mien ne font qu'un et que, ce que
l'une pense, l'autre l'a déjà pensé. »

Il est facile de voir, en étudiant les
archives de la fondation, que cette union
de pensées, de désirs, portait sur les plus
saints objets. Les deux Mères veulent
fonder le nouveau Carmel dans la plus
parfaite observance des règles et usages
jusqu'alors en vigueur ; la pauvreté, loin
de les effrayer, les attire ; elles se prépa-
rent généreusement à tous les sacrifices
pour mener à bien l'œuvre qu'elles vont
entreprendre pour la gloire de Dieu.

Pourtant ces sacrifices durent être
extrêmement pénibles pour le cœur plus
sensible de la Révérende Mère Geneviève.
A lire le récit qu'elle fit elle-même de
leur départ, à la voir dépeindre la tendre
charité qui régnait dans son monastère

et l'affliction de ses Mères et Sœurs à la pensée de la séparation, on ne peut douter qu'elle n'ait eu alors une immolation héroïque à offrir à Dieu. D'autant plus qu'originaire de Poitiers, elle y laissait des amis, des parents et tous les souvenirs de plus de trente années d'existence écoulées sur sa terre natale. D'ailleurs le témoignage de celles qui l'ont connue est là pour attester le grand amour qu'elle gardait à son monastère et à la ville qui l'avait vue naître.

Néanmoins elle accomplit son sacrifice avec la belle simplicité qui était la caractéristique de sa vertu.

Avant qu'elle eût quitté le berceau de sa vie monastique, le saint évêque d'Orléans, apprenant qu'elle était désignée pour faire partie de la petite colonie en qualité de sous-prieure et de maîtresse des novices, lui écrivit les lignes suivantes. La prophétie qu'elles contiennent ne peut s'expliquer par une confusion qui se serait produite dans l'esprit du saint vieillard ; il connaissait la Révérende Mère Elisabeth autant que Mère Geneviève, il avait été leur commun directeur, il correspondait avec l'une et avec l'autre, et se trouvait au courant de la nomination concernant la première. Il écrivait donc :

« Lisez plus d'une fois le XX° chapitre
« de l'*Imitation*. Ce chapitre, admirable
« de sagesse, recommande la solitude.
« Mais comment pourrez-vous la garder,
« puisqu'elle semble mieux faite pour un
« ermite que pour une *Prieure* qui doit
« ouvrir son cœur, sa cellule et sa bouche
« à tous, et à tous moments ?... »

Près de quatre années allaient s'écouler encore, et Mgr de Beauregard mourrait avant que sa parole se réalisât. Ce n'était pas la Révérende Mère Pauline qui avait pu l'influencer, car celle-ci, comme on va le voir bientôt, croyait Mère Geneviève incapable de remplir la charge de Prieure.

Cependant la diligence, qui amenait les voyageuses à Lisieux, passant par Orléans, Mgr de Beauregard et ses deux filles spirituelles eurent la consolation de se revoir. Ce fut pour le vénérable évêque un jour de joie bien vite écoulé, en pieux entretiens. « Petite, disait-il à Mère Geneviève au moment du départ, ne manquez pas d'écrire l'histoire de votre fondation et mettez-y surtout le plaisir que me cause votre visite ; j'en dirais bien mon *Nunc dimittis !* »

CHAPITRE VII

Premières années de la fondation.
La Révérende Mère Geneviève, Prieure.

———+———

Il est inutile de revenir ici sur l'arrivée à Lisieux et sur l'extrême pauvreté des Carmélites. Ajoutons seulement que Mgr de Beauregard leur ayant fourni le matériel nécessaire pour la confection des pains d'autel, elles vécurent d'abord de cette industrie ; elles y ajoutèrent ensuite la fabrication de l'encens et des ornements d'église.

L'élection de la Révérende Mère Geneviève à la charge de Prieure eut quelques péripéties qui méritent d'être rapportées.

D'abord le Carmel de Poitiers avait stipulé que les deux religieuses étaient prêtées, *pour trois ans seulement*, au monastère de Lisieux, sauf si la fondation devait souffrir un grand dommage de leur retour.

Les trois ans écoulés, il avait été facile de prouver à la Révérende Mère Pauline, qui suivait de loin d'un œil attentif l'essaim sorti de son antique ruche, que le départ des deux Mères ruinerait l'œuvre commencée. Mais, lorsque, quelques mois plus tard, mourut la Révérende Mère Elisabeth et qu'il fallut procéder à une élection, les transes de M. l'abbé Sauvage recommencèrent ; il comptait bien que Mère Geneviève serait nommée Prieure, et il craignait un rappel.

C'est sous l'empire de cette frayeur qu'ayant reçu une lettre de Poitiers, il ne voulut pas l'ouvrir avant d'avoir procédé aux élections. Les suffrages s'étant portés sur celle qu'il désirait, il prit enfin connaissance du message. A partir de ce moment, il ne fut plus le même à l'égard de la nouvelle Prieure ; il semblait avoir perdu toute confiance en elle, non au point de vue de la conduite des âmes, mais pour l'administration temporelle de la Communauté. Il ne lui laissait aucune liberté à l'égard de la moindre dépense ; elle n'au-

rait pu faire changer seulement une ser-
rure et moins que cela, sans sa permission.
Et cette épreuve dura longtemps.

Onze ans plus tard, M. l'abbé Sauvage
mourut, et Mère Geneviève fut priée d'exa-
miner ses papiers. Dieu permit qu'elle dé-
couvrît alors la mystérieuse lettre. Elle
contenait ces mots : « Ne nommez pas
Geneviève prieure, car elle n'est pas ca-
pable de remplir cette charge difficile. »

Cette appréciation, humiliante en apparence, ne fut pour celles qui ont connu la
vénérée Mère qu'une raison de l'admirer
davantage. Comment avait-elle su se faire
ignorer à ce point de sa Mère Prieure elle-
même ? Elle avait donc été bien habile à
cacher ses talents et sa vertu !

Elle se réjouit beaucoup de cette aventure, se disant avec grande consolation :
« Si je suis Prieure, ce n'est donc bien que
par la seule volonté de mon Dieu. »

Mais revenons à l'époque de la première
élection. Celle-ci fut précédée, comme il
est d'usage au Carmel, de trois jours de
prières durant lesquels on exposa le Saint
Sacrement. Or, Notre-Seigneur qui, cinq

ans plus tôt, avait voulu être le premier à lui annoncer sa charge de Maîtresse des novices, voulut encore prévenir son humble épouse de la nouvelle mission qu'il allait lui confier. Le premier soir du Triduum, tandis qu'elle faisait son chemin de croix, arrivée à la seconde station, elle entendit la voix divine lui dire intérieurement : « *Ouvre ton cœur à tes filles et je t'ouvrirai le mien...* »

Après cette révélation, qui pourra s'étonner de la voir entrer si avant dans le Cœur de Dieu et participer à un si haut degré à ses perfections adorables ? Le Seigneur ne devait-il pas remplir la seconde partie du contrat, puisqu'elle accomplissait si fidèlement la première ? N'ouvrit-elle pas en effet son cœur pour y abriter toutes ses filles, pour les réchauffer de sa surnaturelle affection, pour les consoler dans leurs peines et les réconforter dans leurs défaillances ?

Durant ce premier priorat, fut commencée la chapelle, sous la forme architecturale dont elle conserve aujourd'hui encore les grandes lignes. La décoration

intérieure ne fut complétée qu'en 1891,
par les soins de M. l'abbé Youf, aumônier du couvent. Bien entendu, ce sanctuaire fut élevé avec les deniers de la
charité publique, sollicitée par l'inlassable
dévouement du vénéré fondateur.

Celui-ci dut, à son grand regret, rejeter
le plan du Cérémonial comme trop dispen-
dieux, mais il s'en rapprocha le plus possible. Les frais furent grands néanmoins,
car le terrain se trouvant plein d'eau et
manquant de fermeté, il fallut bâtir sur
pilotis. En 1847, on dut suspendre les travaux pendant une année entière, faute de
subsides.

Cette même année, Mère Geneviève
reçut, du Carmel de Tours, le récit des révé-
lations faites par Notre-Seigneur à Sœur
Marie de Saint-Pierre, encore vivante, au
sujet de la Réparation. Sur-le-champ, elle
fut gagnée à cette œuvre. « Quand je songe,
répétait-elle avec émotion, que le bon Dieu
a choisi le Carmel pour lui demander
cela ! » Elle s'éprit d'une tendre dévotion
pour la Sainte Face de Notre-Seigneur et
fut cause, par suite des communications
qu'elle fit à l'évêché, de l'établissement de

l'Archiconfrérie réparatrice à Lisieux. Elle obtint la permission de placer une image du voile de Véronique dans la chapelle du Couvent.

Plus tard, quelques semaines avant sa mort, Sœur Adélaïde de la Providence aura une vision de la Sainte Face...

Ces rapprochements rendent songeur, si l'on considère ensuite la diffusion merveilleuse de l'image peinte par l'une des sœurs de la B⁰ᵉ Thérèse de l'Enfant-Jésus ; si l'on connaît surtout le bien opéré dans les âmes par la vue de ce touchant et divin portrait... Il semble qu'il était depuis longtemps dans la pensée de Dieu ; ou plutôt l'éternelle pensée se manifestait longtemps d'avance à son égard, le préparant et le prophétisant.

CHAPITRE VIII

Second priorat.
Maladie de Sœur Marie de la Croix.

Le premier priorat de la Révérende Mère Geneviève de Sainte-Thérèse s'étendit du 15 janvier 1842 au 19 janvier 1848, la vénérée Mère ayant été réélue pour un second triennat, le 16 janvier 1845. Cette réélection n'avait pas été sans inquiéter le Supérieur. Aux réclamations du Carmel de Poitiers, il avait répondu par une instante prière et obtenu un nouveau délai de trois ans, pour le cas où Mère Geneviève serait réélue. Comme on pense, toutes les voix la maintinrent dans sa charge.

Mais lorsque forcément, en janvier 1848, elle dut être déposée pour obéir aux Constitutions de l'Ordre, de nouvelles instances eurent lieu de part et d'autre. Les Carmélites de Poitiers commençaient à craindre que le prêt ne dégénérât en donation; celles de Lisieux trouvaient la présence de leur sainte fondatrice encore indispensable.

Un nouveau sursis fut accordé; mais en 1849, le mal dont elle devait souffrir pendant plus de quarante ans fit son apparition, une tumeur intérieure se déclara. Aussitôt, sa première famille religieuse la réclama pour lui donner ses soins. M. l'abbé Sauvage plaida alors si éloquemment la cause de sa pauvre communauté que la Révérende Mère Geneviève fut *donnée*, pour toujours, au Carmel de Lisieux.

Le cœur de la bonne Mère inclinait pourtant au retour; néanmoins elle-même avait appuyé la demande de son Supérieur. Elle avait écrit ces belles paroles : « Maintenant que la Croix est plantée au Carmel de Lisieux, comment pourrais-je le quitter ? »

A présent que les ignominies de cet intime calvaire se sont changées pour celles qui les ont souffertes en un poids éternel de gloire, il semble bon d'en révéler quelque chose pour offrir en même temps aux âmes le spectacle des héroïques vertus qu'elles firent pratiquer.

La dévotion au mystère de l'Immaculée Conception était en grand honneur dans le Carmel naissant. Sœur Marie de la Croix, la plus jeune des deux sœurs fondatrices, religieuse très fervente et enfant dévouée de la sainte Vierge, eut l'inspiration de s'offrir en victime pour obtenir la définition solennelle du dogme. A quelque temps de là, une croix immense et lumineuse lui apparut ; Dieu lui révéla qu'il acceptait son sacrifice, et elle connut la terrible immolation qui l'attendait... Cette annonce la remplit d'épouvante, sa nature se révolta un moment, puis, de nouveau, en pleine connaissance de cause, elle renouvela son offrande héroïque.

Bientôt après, sans qu'aucune hérédité ni antécédents aient pu le faire prévoir, elle perdait la raison.

Durant ce sommeil de l'intelligence, la piété, la vertu demeuraient chez l'édifiante malade. L'idée fixe qui faisait son

martyre était celle-ci : elle n'irait jamais
au ciel, elle l'avait sacrifié pour la glori-
fication de sa Mère Immaculée, elle vi-
vrait éternellement dans les limbes en
compagnie des enfants morts sans bap-
tême.

Elle ne voulait voir personne, pas même
sa sœur. Seules, étaient exceptées, son
infirmière et « sa petite maman Geneviève », comme elle l'appelait alors. De
celle-ci elle ne pouvait se passer, et trois
fois le jour, régulièrement, la patiente
Mère devait s'asseoir une heure entière
près de sa pauvre enfant pour la consoler et la distraire.

Bien que son organisme physique ne
souffrît point, la malade ne quittait pas
son lit. Au début cependant, elle troubla
quand même la communauté, jetant des
cris perçants que l'on pouvait entendre
du dehors.

Mère Geneviève, très angoissée, supplia Notre-Seigneur de la calmer, et elle
en reçut de lui la promesse. Cette promesse divine se réalisa ; mais un soir
après Matines, dans le grand silence de
la nuit, sans que l'état de la sœur y don-

nât lieu, une crainte s'empara de la Mère : « Si elle criait ! » pensa-t-elle avec effroi. Aussitôt sœur Marie de la Croix jeta un cri effrayant, et les sœurs épouvantées sortirent de leurs cellules. La sainte Mère, désolée, s'humilia aussitôt de son doute. Alors la voix de Notre-Seigneur lui adressa ce reproche : « *Fille de peu de foi ! ne t'avais-je point dit qu'elle ne crierait plus ?* » Mais il pardonna et, renouvelant sa promesse, il la réalisa jusqu'à la mort de celle qui en fut l'objet.

Dans ses moments de surexcitation, la pieuse malade tenait sous ses yeux un petit papier sur lequel elle avait écrit : « douceur », afin d'être rappelée sans cesse à la pratique de cette vertu.

Un sujet l'irritait plus que tous les autres, celui des sacrements. Elle se croyait dans l'impossibilité de les recevoir, sans doute à cause de sa persuasion d'être à jamais privée du ciel.

Or, sa maladie ayant duré 33 ans, le Carmel de Lisieux eut successivement pour Supérieur, pendant ce laps de temps, M. le chanoine Cagnard, curé de la cathé-

drale Saint-Pierre, qui remplaça le Fondateur M. l'abbé Sauvage, décédé en 1853 ;
puis, en 1870, M. l'abbé Delatroëtte, curé
de la paroisse Saint-Jacques. Ce dernier se
trouvant au parloir avec la communauté,
dans les derniers jours de Sœur Marie
de la Croix, Mère Geneviève donna des nouvelles de la pauvre malade : « Allez-vous la
laisser mourir sans sacrements ? Mais c'est
épouvantable pour une carmélite ! » lui dit
le vénéré Supérieur. — « Mon Père, répondit Mère Geneviève avec douceur, elle est
dans une paix profonde ; si je lui parle de
voir un prêtre, je vais la jeter dans un
trouble affreux, et je n'obtiendrai rien. »

M. l'abbé Delatroëtte insistant, Mère
Geneviève, toute tremblante, alla porter
le pénible message.

Comme elle l'avait prévu, la malade,
douce et paisible à son entrée, bondit en
recevant la proposition, et, dans le lan-
gage dont elle usait depuis sa maladie :
« Comment, c'est toi, s'écria-t-elle, toi
qui sais tout, qui viens me proposer
cela ? Ah ! va-t'en, je ne veux plus te
voir ! » La pauvre Mère essaya de la
calmer, mais sa présence l'exaspérant

davantage, elle eut la douleur d'être exilée d'auprès de cette fille chérie jusqu'à son dernier soupir.

Ce lui fut une épreuve extrêmement sensible. A son chagrin se mêlait aussi un doute cruel : l'insistance du Supérieur au sujet des sacrements l'avait troublée ; elle était inquiète du sort de cette âme si chère.

On venait donc de lui dire que Sœur Marie de la Croix avait cessé de vivre ; elle pleurait, absorbée dans ces pensées douloureuses, quand tout à coup la voix divine et bien connue se fit entendre à son cœur : « *Ne pleure plus*, disait le Divin Maître ; *elle n'était pas libre de vouloir ce qu'on désirait d'elle, son intelligence était comme en prison... Ne t'inquiète pas de son sort... elle est avec moi !* »

Alors, l'âme inondée de consolation et d'allégresse, Mère Geneviève comprit que la sainte victime était allée droit au ciel.

CHAPITRE IX

Grâces et dons surnàturels.
Conduite de la Révérende Mère à l'égard
de la B^{se} Thérèse de l'Enfant-Jésus.

Dans la suite de sa longue carrière, d'autres croix pèseront sur la vénérable Fondatrice ; mais il en est d'intimes et d'une particulière amertume qui ne sauraient être révélées ici-bas. Elle-même disait en y songeant : « Il ne faudra rien écrire de moi après ma mort, mais envoyer un simple billet-circulaire aux monastères de l'Ordre pour demander les suffrages. Il est impossible de dire autre chose. » Elle s'ignorait et ne comprenait pas qu'en dehors de tant de traits héroïques qui doivent rester dans l'ombre, il y aurait encore matière, en sa sainte vie, à une histoire pleine de faits admirables et capables d'édifier grandement les âmes. Cependant c'est le cas de répéter, avec

l'angélique Thérèse de l'Enfant-Jésus :
« *Bien des pages de cette histoire ne se
liront jamais sur la terre...* »

L'épreuve de Sœur Marie de la Croix
fut longue. Elle dura de 1849 jusqu'à
1882 (29 janvier).

Voyant une si grande partie de son
temps absorbée par la pauvre malade et,
de plus, malade elle-même, Mère Geneviève
devait envisager avec un certain effroi
la possibilité de sa réélection comme
Prieure. Cependant ses filles avaient hâte
de la revoir à leur tête et, dès que le
triennat de la Révérende Mère Thérèse
de Saint-Joseph fut écoulé, le gouvernement de la petite communauté lui fut
rendu. C'était le 19 janvier 1851.

Pour calmer ses appréhensions et pour
marquer d'un trait divin cet événement,
comme tous les événements graves de
son existence, Notre-Seigneur lui adressa
ces ineffables et réconfortantes paroles :
« *De même que je me repose en mon Père,
la Sainte Trinité sera ton appui...* »

Ainsi présenté par Dieu, le fardeau dut
paraître moins lourd à l'élue de son Cœur.

Elle devait le porter six années de suite, le déposer pendant trois ans, et le reprendre le 18 janvier 1860.

Or, cette fois, la voix du Bien-Aimé va se faire plus touchante et plus miséricordieuse que jamais. L'élection précédente avait eu lieu le 19 janvier 1857, elle était donc valable jusqu'au 19 janvier 1860 ; néanmoins le scrutin fut avancé de vingt-quatre heures et eut lieu en la fête de la Chaire de Saint-Pierre. Notre-Seigneur en donna le motif à son humble servante : « *Ce n'est pas sans raison que j'ai changé ce jour : je n'ai pas confié mon Eglise à saint Jean qui était innocent, mais à saint Pierre le pécheur. J'ai tiré le pauvre de son fumier pour le placer avec les princes de mon peuple.* »

Les fautes auxquelles l'Ami divin fait allusion ici sont restées le secret de la vénérée Mère ; sans doute passèrent-elles inaperçues aux yeux des hommes, et ces derniers, s'ils les avaient connues, les auraient peut-être traitées de bagatelles ; tandis que, l'Epoux céleste l'avoue au Cantique sacré, « un seul cheveu » de l'épouse suffit à blesser son Cœur infiniment délicat : blessure inexprimablement délicieuse pour le plus petit acte de vertu accompli par sa créature, blessure incompréhensiblement douloureuse pour le moindre péché de malice. Mais était-ce de ces derniers qu'avait commis cette âme prévenue dès l'enfance des bénédictions divines ? Le Seigneur lui rappelait plutôt des fautes de fragilité, afin de la remettre en face de son néant à elle et de sa bonté à lui, afin de lui donner l'humilité de l'esprit, alors qu'il l'exaltait extérieurement et l'offrait à la vénération de ses filles.

Car c'était de la vénération qu'inspirait sa vertu, à la fois si austère et si douce, si sublime et si simple. Oui, douce, simple, elle le fut éminemment avec, en plus, un cachet de paix que les soucis et les chagrins ne pouvaient altérer. L'amour de Dieu la faisait, selon le mot de la B⁸ᵉ Thérèse de l'Enfant-Jésus, « planer plus haut que tout le créé ».

Elle voulait inspirer aux autres ce même détachement et ne souffrait pas qu'on l'aimât d'une affection qui aurait pu dissiper l'âme et empêcher son union à Dieu. Pour éviter ce malheur, elle se montrait sobre de caresses à l'égard de ses filles : sa grande marque de tendresse était de poser ses mains sur leur tête, avec un geste qui rappelle celui des patriarches appelant les bénédictions d'en haut sur leurs enfants.

Citons un exemple de son détachement : il nous ramène en 1838 :

Mgr de Beauregard lui écrivait de longues lettres, tandis qu'il répondait en peu de mots à la Révérende Mère Elisabeth. Afin de procurer à celle-ci la consolation dont elle avait joui jusque-là, elle lui laissa, deux ans avant la mort du saint vieillard, le soin d'entretenir seule la correspondance. Le sacrifice fut vivement senti de part et d'autre ; Mgr de Beauregard fit entendre cette plainte sur son lit de mort : « Je recevais autrefois des lettres de Geneviève qui me faisaient tant de plaisir ! pourquoi donc ne m'écrit-elle plus ? — Il le sait, maintenant ! » répondit-elle lorsqu'on lui rapporta cette parole.

Au témoignage de ses filles, elle était d'une mansuétude et d'une indulgence extrêmes ; son abord était doux, on allait à elle volontiers, non par un attrait naturel, mais charmé par le parfum de sainteté qui émanait de sa personne. Elle ne brisait point les obstacles, mais avait recours à la persuasion pour arriver à ses fins. Parfois cependant, son esprit de conciliation fut excessif... Mais qui peut, ici-bas, se garder toujours dans une parfaite mesure... ? Bienheureux ceux qui n'ont pas d'autre reproche à se faire que d'avoir excédé en bonté !

La paix, qu'elle travaillait sans cesse à entretenir autour d'elle, mettait un reflet céleste sur ses traits vénérables. On la regardait avec complaisance, bien qu'elle ne fût pas jolie. Elle avait cependant beaucoup de distinction dans les manières et, malgré sa petite taille, un air de dignité très imposant.

Lorsque, dans les réunions du Chapitre, elle exhortait ses filles, ses paroles avaient une onction et une flamme admirables ; on les sentait venir d'un cœur embrasé, d'une âme illuminée par la présence du Saint-Esprit. Mais ce qu'il y avait alors d'impressionnant au suprême degré, c'était de l'entendre communiquer un message divin ; on devine avec quelle émotion ces âmes, avides de tout ce qui vient d'en haut, l'écoutaient dire : « Notre-Seigneur m'a chargée de faire connaître ceci à la communauté. — Il veut cela de vous, mes chères filles. » Une fois, elle assura que toutes les sœurs alors présentes se trouveraient au rendez-vous du ciel.

Elle eut une révélation également des souffrances que l'une d'elles endurait en Purgatoire, et ne cessait de répéter aussitôt après sa mort : « Priez, priez pour elle, mes enfants, car elle souffre beaucoup ! »

Cette religieuse, sœur converse, très fervente sous d'autres rapports, avait mal combattu une imperfection que sa consécration à Dieu et son vœu de pauvreté rendaient grave. Au lieu de passer sa vie dans la reconnaissance et l'action de grâces pour l'incomparable faveur qui lui avait été faite d'être retirée du monde et appelée à une vocation si sainte, elle se plaignait parfois, en ses dernières années, de n'avoir point, à cause de la pauvreté du monastère, tous les soulagements que réclamaient ses infirmités.

En cette révélation, Mère Geneviève voyait une preuve — elle le redit souvent — du désir que Dieu a de rencontrer, chez les âmes religieuses, une ardente gratitude pour le bienfait inestimable de leur vocation. Elle n'en tirait pas, cependant, une conclusion de crainte, car sa piété était toute pleine de confiance filiale.

En effet, le Seigneur met toujours de l'harmonie dans ses œuvres ; et il convenait sans doute que le berceau de l'Ange-apôtre de la confiance en Dieu fût édifié par une sainte qui possédait déjà cette confiance à un degré éminent.

Cependant, la B⁵ᵉ Thérèse de l'Enfant-Jésus ne rencontra pas en elle l'aide qu'elle aurait pu espérer pour ses explorations du Cœur divin. Prophète tant de fois, Mère Geneviève ne devina rien des destinées sublimes qui attendaient son illustre fille. L'humble Mère s'effraya même, à différentes reprises, de la hardiesse de ses pensées et la déconcerta. Dieu le permit ainsi, probablement, pour que la jeune sainte restât cachée et inconnue et pour que le mérite de ses recherches fût plus incontestable.

Pourtant, la vénérée fondatrice l'aimait, l'estimait beaucoup, et lui donna toujours le réconfortant et entraînant exemple de sa haute vertu. Dieu se servit d'elle aussi plusieurs fois pour consoler l'angélique enfant, spécialement dans la douloureuse épreuve qui atteignit M. Martin. Un jour, entre autres, où le pieux vieillard se trouvait dans une situation des plus angoissantes pour le cœur de ses filles, Mère Geneviève, alors infirme, fit appeler la Bienheureuse et ses sœurs et calma leurs alarmes en leur répétant une parole que Notre-Seigneur lui avait dite et qui se vérifia le lendemain.

Sa familiarité avec l'Epoux céleste n'étonnait point la communauté. Elle savait si bien prier ! La prière était son grand moyen d'action en toutes choses ; elle y recourait dans les occasions difficiles avant d'essayer ceux de la prudence humaine. Le Sauveur alors ne se contentait pas de lui faire entendre sa voix, il lui répondait encore par de véritables merveilles.

Un jour, la sœur cuisinière vint lui dire que sa provision de beurre était épuisée : « Ma fille, je n'ai pas un sou, avoua-t-elle tranquillement ; mais il vous reste encore un peu de beurre, prenez toujours et mettons notre confiance en Dieu. » A partir de ce moment, parut le même prodige qu'au temps d'Elie, et la Sœur Madeleine, plus surprise peut-être que la veuve de Sarepta devant son inépuisable pot de farine, vint, au bout de deux mois, dire à sa Mère Prieure : « Enfin, ma Mère, je n'y comprends rien ; mon petit reste de beurre est toujours dans le même état ! Qu'est-ce que cela signifie, puisque je n'en avais pas pour deux jours ? A présent, j'ai beau prendre, ça ne diminue pas... — Restez en paix ! lui fut-il répondu, votre petite provision est sur le point de finir. »

En effet, quelques jours plus tard, une aumône ayant été donnée au monastère, Sœur Madeleine trouva le pot vide.

La bonne Mère reçut parfois avec une opportunité étonnante, soit comme temps, soit comme numéraire, des sommes d'argent, dont elle avait besoin ; mais ces traits de Providence, quelque frappants qu'ils puissent être, se retrouvent dans la vie de tous les saints fondateurs. La résurrection d'un abricotier, accordée à sa charité maternelle, est plus originale.

Elle avait dit, en entendant l'arrêt de mort du précieux arbre : « Mon Jésus, est-ce possible que vous ne donniez rien à nos sœurs cet été pour se rafraîchir ? » et une voix intérieure lui avait répondu : « *Sois tranquille, il y aura des abricots.* » Or, les fleurs, désséchées par une très forte gelée, donnèrent cette année-là des fruits en si grande abondance que l'on voyait à peine les feuilles.

Elle obtint, d'une façon aussi extraordinaire, l'adoucissement subit de la température un jour de froid intense où la communauté lavait le linge en plein air. Tandis qu'elle priait devant le Tabernacle, la gelée cessa et, sans la présence des glaçons, on aurait pu se croire au printemps.

Cependant, il ne faudrait pas croire que la Révérende Mère Geneviève est une de ces saintes dont la vie fut un enchaînement de perpétuelles merveilles. Elle goûtait évidemment, à part certaines périodes d'aridité et de sécheresse, la suavité que donne l'Esprit-Saint aux âmes qu'il habite et qui l'aiment ; mais ce n'étaient pas ces transports, ces extases, ces consolations enivrantes, ces visions de l'au delà qui

arrachent l'âme à la terre pour la faire
vivre dans un perpétuel commerce avec le
monde invisible. Sa vie intérieure était une
vie de pure foi. A dix-sept ans, il est vrai,
c'est dans un véritable ravissement qu'elle
avait connu sa vocation ; mais, interrogée
en ses derniers jours sur la manière dont
Notre-Seigneur lui parlait d'ordinaire, elle
répondit : « Cette voix que j'entends, je
sens que c'est une *voix amie*, mais je ne
sais pas autre chose. »

Pourtant, si elle ne voyait rien qu'avec
les yeux de la foi, combien son regard
était-il illuminé et perçant ! A certains
jours surtout, le voile qui lui cachait le
monde surnaturel semblait déchiré ; lorsque, par exemple, elle recevait les vœux
des novices, elle versait des larmes comme
si le mystère des noces divines lui fût
apparu dans son incompréhensible splen-
deur.

—·→✠←·—

CHAPITRE X

Humilité de la sainte Fondatrice. — Ses noces d'or.

Sa foi la rendait admirable dans sa conduite à l'égard de ses filles devenues prieures. Elle, la fondatrice et la mère, semblait redevenue une humble petite novice. Cette attitude fut particulièrement celle de ses dernières années, où son état d'infirmité ne lui permettait plus d'exercer aucune charge.

Voici un trait qui donne bien la note de ce que l'on voyait alors paraître habituellement en sa personne.

Elle avait donné, pour le bien, un conseil qui fut suivi et eut un fâcheux résultat. La Mère Prieure d'alors, qui cependant la regardait et vénérait comme une sainte, entra soudain chez elle, très mécontente, à l'heure de la lecture spirituelle que la jeune infirmière faisait à haute voix. « Ma Mère, je vous en prie, lui dit-elle, ne vous occupez plus de rien dans la maison, vous ne voyez pas ce qui se passe, et vos conseils tournent à mal. — O ma bonne Mère! que je vous remercie, répondit doucement la sainte fondatrice, c'est une grande charité de m'avertir. Comme on est porté à s'occuper de ce qui ne vous regarde pas, quand on a été prieure!... En effet, je ne vois pas ce qui se passe et je puis faire des sottises. Je vous demande bien pardon ! » L'infirmière s'était retirée discrètement à l'extrémité de la salle; elle contemplait avec admiration le visage calme et paisible de l'octogénaire. Celle-ci, quand la Mère Prieure fut partie, se tourna vers elle et, la voyant tout interdite et sans parole, lui dit avec un doux sourire, sans aucun trouble dans le regard ni le moindre tremblement dans la voix : « Eh bien, ma petite, continuons notre lecture. »

Ceci se passait durant les sept dernières années de son existence, années d'infirmités qui la clouèrent sur un fauteuil ou sur un lit de souffrances. Mais avant cette longue, si longue montée du Calvaire, l'Epoux divin la conduisit au Thabor et la transfigura.

Elle s'était affligée en songeant qu'au jour de ses noces d'or, elle devrait, selon la coutume du Carmel, se montrer sans voile au public. Or, pendant sa retraite préparatoire, Notre-Seigneur lui dit : « *Ne crains rien, ma fille, je ne permettrai pas que tu sois troublée, car je veux te donner ce jour-là ce que je t'ai refusé il y a cinquante ans, le jour de ta profession. Il paraîtra même sur ton visage quelque chose d'extraordinaire qui sera le reflet de ce que j'opérerai dans ton cœur.* » Et, en effet, son âme, en cette journée bénie, fut inondée de paix ; cette paix divine se répandait sur ses traits vieillis et leur communiquait, avec une nouvelle jeunesse, une beauté qu'ils n'avaient jamais eue. Et comme si l'allégresse de son cœur eût débordé en celui de ses filles, celles-ci goûtèrent en la fêtant une joie inénarrable et qui leur a laissé un souvenir tout céleste.

L'heureuse jubilaire avait indiqué elle-même le texte du sermon : « Le joug du Seigneur est doux et son fardeau léger. » Choix révélateur qui dit avec quelle générosité et quel amour la sainte Mère avait vécu ces cinquante années d'héroïques immolations. Choix glorieux pour l'éternelle Vérité, puisqu'il lui rend témoignage en affirmant qu'elle ne nous a point trompés par sa douce invitation : « *Prenez sur vous mon joug...* »

Bientôt, quand Dieu l'aura, comme Job, abandonnée à toutes les douleurs, l'épouse fidèle ne se livrera pas aux plaintes du saint patriarche ; elle se montrera toujours joyeuse et sereine, louant, bénissant le Seigneur et du cœur et des lèvres...

CHAPITRE XI

Générosité et patience dans la maladie.

En 1884, la deuxième année de son dernier priorat, la Révérende Mère Geneviève devint tout à fait infirme. Jusque-là, elle avait pu suivre la Règle et les exercices de communauté. Pourtant, on s'en souvient, depuis plus de trente-cinq ans, elle était atteinte d'une grave tumeur. Quand le mal se déclara, on ne lui dissimula rien de sa nature, ni des cruels ravages qu'il devait accomplir en son être physique. « A cette annonce, confiait-elle plus tard à l'une de ses filles, mon cœur fut inondé de délices. C'était le jour de la fête de Saint André ; en récitant son Office, je répétais avec transport : « O bonne croix « que j'ai désirée si longtemps et qui êtes « enfin accordée à mes désirs ! Je viens

« à vous avec confiance et avec joie :
« recevez le disciple de Celui qui a été
« attaché sur votre bois sacré. » Je me
serais crue téméraire en demandant la
souffrance, j'aurais eu peur de ma fai-
blesse ; mais, puisque le Seigneur m'en
trouvait digne, je l'en bénissais mille fois.
Je considérais alors mon âme comme un
vase de cuivre maculé, et je pensais avec
bonheur que la souffrance qui venait à moi
serait la main charitable qui frotterait avec
force et rendrait net et brillant ce vase
terne et sans beauté. »

Cette ferveur dans l'acceptation de la
croix serait peu admirable si elle n'avait
été qu'un élan passager, comme on en
rencontre parfois aux jours de grâce,
même chez des âmes très imparfaites ; ce
qui la rend sublime, c'est qu'elle se soutint
pendant près d'un demi-siècle, à travers
tous les délaissements et toutes les angoisses.

Tant qu'elle put marcher, la vénérée
Mère ne confia qu'à Dieu seul le secret de
ses souffrances ; mais le mal la trahissait
parfois, et ses filles la découvraient alors
avec terreur étendue à terre sans connais-

sance. Elle serait morte dans une de ces
crises, sans une intervention surnaturelle.
C'était l'hiver et, pour rendre un service
pénible, elle était sortie dans l'enclos avec
un grand mal de tête. Bientôt elle s'éva-
nouit et tomba dans la neige ; Sœur Adélaïde, qui travaillait dans sa cellule, entendit une voix lui disant : « *Va au jardin !* » ;
la sœur obéit à cet ordre mystérieux et
trouva la courageuse Mère glacée et
presque sans vie.

Lorsqu'en 1884, une enflure considérable
des membres inférieurs la réduisit à l'im-
mobilité, on lui donna un fauteuil roulant
dans lequel elle allait au chœur pour
l'assistance à la messe et revenait ensuite
passer la journée dans une petite pièce
attenante à la salle de la communauté. Elle
restait là jusqu'au soir, pouvant ainsi facilement venir aux récréations dont elle était
l'âme et qu'elle charmait par sa douce et
inlassable gaieté.

Car, loin de se replier sur elle-même,
elle montrait plus de joie et de sérénité à
mesure que grandissaient les souffrances
physiques. Elle écrivait à l'une de ses filles
spirituelles : « J'espère que la belle saison

adoucira vos maux ; pour moi, je n'en espère aucune amélioration. Que mon Jésus en soit béni, je me trouve bien sur sa Croix ! »

Qu'il était alors touchant de voir la vénérable Mère accomplir encore le jeûne du Carmel ! Pendant huit mois de l'année, chaque soir, éclairée par la faible lueur de sa petite lanterne, elle prenait seule sa frugale collation. Elle acceptait, comme adoucissement, quelques cuillerées de soupe ; puis elle mangeait son pain avec un peu de fromage, disant ensuite avec une humilité qui faisait jaillir les larmes : « Mes pauvres enfants, il faut bien que je fasse cette petite mortification puisque je ne puis partager les grandes que vous faites. »

Voici encore une autre « petite mortification » de la bonne Mère :

Jamais, malgré sa maladie, elle ne voulut d'autre siège dans sa cellule que le banc de bois réglementaire. Lorsque l'infirmité commença, elle accepta une chaise, mais une chaise de bois. « Plus c'est dur, mieux cela me va », disait-elle. Ce devait être vrai d'abord, car elle était trop simple et trop sincère pour dissimuler la vérité à sa Mère Prieure, sous prétexte de pénitence ; cependant, lorsqu'elle fut complètement immobilisée, on lui fit faire un fauteuil et, pour se conformer à son goût, on le fit très dur et si haut qu'au lieu de pouvoir s'y enfoncer et se servir du dossier, elle était obligée de rester assise sur le bord ; mais on la croyait bien ainsi. Enfin, au bout de plusieurs années, le fauteuil eut besoin de réparation et, en attendant, on installa Mère Geneviève dans une antique bergère aux ressorts très souples, où elle semblait fort à l'aise.

La Mère Prieure, venant lui annoncer que le travail demanderait bien deux jours : « Qu'allez-vous devenir tout ce temps, ma bonne Mère ? » dit-elle d'un ton apitoyé. L'infirmière, soupçonneuse, observait la sainte malade ; celle-ci, en répondant qu'elle attendrait sans difficulté, laissa échapper un rire involontaire, car elle était très spirituelle et devait s'amuser beaucoup de sa situation. Ce rire révéla tout à la jeune Sœur. Elle rejoignit la Mère Prieure qui venait de sortir et essaya de la persuader d'obliger la vénérable infirme à garder le siège d'emprunt où elle paraissait si bien. La Mère Prieure ne voulut pas la croire, et l'affaire s'embrouilla de telle sorte que Mère Geneviève réintégra son dur fauteuil et le garda jusqu'à la fin.

C'est à cette époque qu'elle voulut plaider la cause de la B^{se} Thérèse de l'Enfant-Jésus auprès du Supérieur. Il était entré dans la communauté à l'occasion d'une cérémonie ; Mère Geneviève lui dit timidement : « Mon Père, en l'honneur de cette fête, je voudrais vous demander une grâce. — Et laquelle, ma bonne Mère ? — Oh ! si vous vouliez laisser entrer la petite Thérèse Martin ! » Mais un refus catégorique fut la réponse de M. le chanoine Delatroëtte, qui parut mécontent et la quitta aussitôt.

Ce trait sans importance a son charme. Il est intéressant de voir la sainte Mère mêler sa douce figure aux péripéties de cette vocation si combattue, et si féconde en conséquences heureuses pour la gloire de Dieu et le bien de tant d'âmes.

CHAPITRE XII

—·|·—

En janvier 1888, la vénérable infirme
faillit mourir. Elle répondait à sa Mère
Prieure qui l'interrogeait sur ses disposi-
tions intérieures : « Ma Mère, comment
aurais-je peur de la mort? Notre-Seigneur
m'a fait la grâce de ne jamais juger personne ; je compte sur sa promesse : « Ne
jugez point et vous ne serez point jugés. »

Dans une méditation sur le ciel, Dieu
lui fit voir l'image de la Croix, toute res-
plendissante de lumière, et lui dit : que
« *la vue de cette croix fait la joie et la
gloire des élus* ».

Elle était radieuse, se croyant arrivée
aux derniers jours de son exil. Hélas ! elle
se trompait ! cette révélation n'était point

l'annonce du repos éternel, mais celle des derniers combats qui devaient durer quatre années encore !...

Le mal intérieur et extérieur continua ses ravages. Les jambes, simplement enflées d'abord, se décomposèrent et, vers le commencement de 1890, la gangrène les atteignit.

Elle continuait pourtant chaque matin à assister à la messe dans son fauteuil et, au moment de la communion, on la roulait près de la petite grille pour recevoir Notre-Seigneur. Or, le Jeudi Saint de cette année 1890, le divin Maître lui dit pendant l'action de grâces : « *Désormais ce n'est plus toi qui viendras à moi, c'est moi qui irai vers toi.* »

En effet, elle ne devait plus quitter son lit de douleurs. Cependant rien ne faisait prévoir la crise affreuse qui se préparait et qui se déclara le soir pendant l'Office des Ténèbres. Ses progrès furent tels, durant la nuit, qu'au matin on administra la sainte malade. Celle-ci semblait à ses filles, en ce Vendredi Saint, une vivante image de Jésus crucifié. Sur sa tête s'était formé, par suite de violentes migraines, un douloureux cordon qui faisait penser à la couronne d'épines de Notre-Seigneur ; ses pieds, horriblement tuméfiés, semblaient déchirés par des clous et, sans cesse, sur ses lèvres brûlées par la fièvre, revenait le cri du Sauveur : « J'ai soif ! » Elle était haletante et paraissait en proie à d'indicibles tortures. Autour d'elle, on attendait son dernier soupir.

Plusieurs jours auparavant, dans une conversation, elle avait dit : « Je ne comprends pas pourquoi il y a des Carmélites qui s'offrent à Dieu en victimes. Victimes, nous le sommes toutes par notre consécration. » Le divin Maître voulait d'elle pourtant une offrande spéciale en ce sens. Le soir de ce Vendredi Saint, tandis que, plus calme, elle semblait reposer un peu, la Révérende Mère Agnès de Jésus (encore humble petite Sœur), restée seule auprès d'elle, la vit tout à coup transfigurée ; ses yeux restaient fermés, mais quelque chose de céleste se répandait sur son visage. La voix divine venait de se faire entendre et lui avait dit : « *Ma fille, il en est temps, offre-toi comme victime.* »

Quelques jours plus tard, la gangrène

disparut ; mais les jambes n'étaient plus qu'une plaie ; de profondes et larges crevasses se formèrent sur les pieds ; puis, la décomposition continuant son œuvre affreuse avant que la mort ait fait la sienne, le talon et plusieurs orteils du pied gauche se détachèrent. Les cruelles douleurs causées par la tumeur interne allaient en augmentant ; la sainte malade ne pouvait plus mouvoir que les bras, et bientôt l'immolation fut complète : elle perdit la vue avec des souffrances atroces.

Il n'y avait pas alors les nombreux calmants dont on use aujourd'hui. Cependant le docteur proposa de la morphine ; la Révérende Mère Prieure avait entendu attribuer, par ignorance, de tels effets à ce médicament qu'elle ne permit point à la malade d'en user. Mère Geneviève n'eut donc pas ce soulagement dans ses maux.

Le médecin de la Communauté disait d'elle : « Je défie n'importe lequel de mes confrères d'avoir jamais rencontré un pareil cas ; on ne peut vivre ainsi sans miracle. » Il ne cachait pas son admiration ; et, les yeux mouillés de larmes, il s'agenouilla un jour près d'elle en la priant de le bénir ; une autre fois, lui ayant extrait une dent, il demanda la permission de l'emporter et de la garder comme une précieuse relique.

Néanmoins, la sainte fondatrice conservait son aimable et joyeuse humeur. Elle plaisantait gaiement sur ses maux et les chantait en des vers, dont le fond fait oublier l'incorrection de la forme.

En voici quelques-uns :

> Mes yeux sont privés de lumière,
> Mais l'âme voit son doux Jésus...
> Non, non, les beautés de la terre
> Ne me charmeront jamais plus !...
>
> Mes oreilles sont paresseuses,
> N'entendant que très haute voix ;
> Elles ne sont pas curieuses :
> C'est un gain, non pas une croix !
>
> . . . .
>
> Dieu tout-puissant, mon tendre Père,
> Vous avez créé tous mes sens,
> Vous en êtes propriétaire :
> Avec joie, oui, je vous les rends !
>
> Je veux chanter sur ma musette,
> Comme David le bon saint roi :
> *De mes pieds jusques à ma tête,*
> *Hélas ! rien de sain n'est en moi !*

Quand ses douleurs devenaient insupportables, elle s'écriait aimablement : « Voyons, mon bon Jésus, n'allez-vous pas venir au secours de votre pauvre Geneviève ?... »

Lorsque les Sœurs lui rendaient visite, c'était elle qui, la première, s'apitoyait sur leur état, si elles étaient souffrantes : « Voyez-vous, leur disait-elle, les plaies extérieures comme les miennes font plus d'embarras que de mal. » Le moindre service la remplissait de reconnaissance ; enfin, on pouvait dire d'elle ce que la Vénérable Mère Anne de Saint-Barthélemy disait de sainte Thérèse : « C'était une si belle âme qu'elle en donnait des marques en toutes choses. »

CHAPITRE XIII

Comment Dieu la faisait agir et parler.

D'ordinaire, on va voir les malades pour
les égayer et les réconforter; mais près
de Mère Geneviève, au contraire, on allait
chercher lumière et consolation pour soi-
même.

C'est à cette époque que se place le
trait suivant, rapporté par la B⁵⁵ Thérèse
de l'Enfant-Jésus dans son Histoire :

*« Un dimanche, en entrant à l'infir-
merie pour lui faire ma petite visite, je
trouvai près d'elle deux Sœurs anciennes,
je me retirais discrètement lorsqu'elle
m'appela et me dit d'un air inspiré :
« Attendez, ma petite fille, j'ai seulement
un mot à vous dire : vous me demandez
toujours un bouquet spirituel; eh bien,
aujourd'hui, je vous donne celui-ci :*

« Servez Dieu avec paix et avec joie ; rappelez-vous, mon enfant, que notre Dieu est le Dieu de la paix. »

« *Après l'avoir simplement remerciée, je sortis émue jusqu'aux larmes et convaincue que le bon Dieu lui avait révélé l'état de mon âme. Ce jour-là, j'étais extrêmement éprouvée, presque triste, et dans une nuit telle que je ne savais plus si j'étais aimée de Dieu. Mais je laisse à deviner la joie et la paix qui remplacèrent ces ténèbres !*

« *Le dimanche suivant, je voulus savoir quelle révélation Mère Geneviève avait eue ; elle m'assura n'en avoir reçu aucune. Alors, mon admiration fut plus grande encore, voyant à quel degré éminent Jésus vivait en son âme, et la faisait agir et parler. Ah ! cette sainteté-là me paraît la plus vraie, la plus* SAINTE *; c'est celle que je désire, car il ne s'y rencontre aucune illusion.* »

La sœur aînée de la B^se Thérèse de l'Enfant-Jésus avait à ce moment le bonheur, vivement apprécié, d'approcher continuellement de la sainte malade en qualité de seconde infirmière. Un jour que, surchargée de travail, elle avait dû sacrifier son oraison et s'en affligeait intérieurement, Mère Geneviève l'appela et lui dit : « Mon enfant, savez-vous ce que Notre-Seigneur vient de me révéler ? Voici ses propres paroles : « *Ce ne sont point les âmes qui ont tout leur temps pour me prier qui me sont le plus agréables, mais celles qui me prouvent leur amour en faisant des sacrifices. Tout est dans le sacrifice et dans l'obéissance.* »

Une autre fois, cette même Sœur ayant rencontré, dans le couvent, la Mère Prieure parlant à plusieurs religieuses, fut très tentée de s'arrêter, car l'entretien ne semblait pas confidentiel ; néanmoins, elle se mortifia et passa outre. A peine rentrée à l'infirmerie, Mère Geneviève lui dit sans préambule : « J'ai un petit secret à vous confier, mon enfant, un secret pour être toujours heureuse et contenter Notre-Seigneur. Ne cherchez jamais à savoir ce qui se passe. Si vous voyez notre Mère parler à plusieurs Sœurs, au lieu de vous arrêter, faites-en le sacrifice pour le bon Dieu. — Dans la vie des Pères du désert, n'avez-vous pas lu qu'un certain frère étant toujours en l'air et pour cela n'arrivant à rien, on finit par le surnommer « frère mouche ». Eh bien ! ne faites pas comme lui, ne soyez pas « sœur mouche ».

Et comme sa chère infirmière, stupéfaite, lui disait qu'elle venait de rencontrer semblable occasion, et lui demandait par quel prodige elle l'avait vue : « Je ne vous ai point vue, répondit la bonne Mère en souriant ; mais Notre-Seigneur permet sans doute que je vous dise cela pour vous faire du bien. »

Une autre religieuse était tentée sur un point d'obéissance ; elle n'en avait parlé à personne, et voici que la sainte malade lui dit : « O ma fille ! si nous comprenions bien ce que c'est que l'obéissance ! Ce matin, après la sainte communion, mon bon Jésus me l'a fait connaître. Retenez bien cet enseignement qui ne vient pas de moi, mais de lui seul : « *Comme l'oiseau déploie ses ailes et s'envole librement dans les airs, ainsi l'âme obéissante prend son essor vers son Bien-Aimé ; et elle est comme un ciel où Dieu trouve ses délices.* »

Une Sœur ancienne était, depuis de

longues années, dans un doute angoissant
à l'égard du salut éternel de son père,
chrétien sans pratiques religieuses, em-
porté par une mort subite. Or, un jour,
elle commit une imperfection qui déplut à
l'Epoux divin. Il s'en plaignit en ces termes
à la vénérée Mère Geneviève : « *Elle ne
veut pas s'humilier ! et moi j'ai fait misé-
ricorde à son père pour un seul acte
d'humilité : parce qu'au moment de mourir, il m'a crié : « Ayez pitié de moi ! »*
On devine quels sentiments de repentir et
de gratitude pénétrèrent la coupable en
face de ce reproche enveloppé dans une
aussi consolante révélation.

CHAPITRE XIV

**Céleste encouragement. — L'abandon.
L'agonie. — Dernier soupir. — Après la mort.**

Au milieu de ses souffrances physiques, la vénérée Mère continuait sa vie de foi sans consolations intérieures. Cependant, la nuit qui précéda le 5 juin 1891 (fête du Sacré-Cœur), elle eut un rêve semblable à ces songes mystérieux et d'origine céleste, dont on voit tant d'exemples dans la sainte Ecriture.

Elle se trouvait dans une petite barque, seule sur la mer immense. Tout à coup parut devant elle un jeune homme d'une beauté merveilleuse et angélique ; il lui tendit un billet, puis disparut. Elle ouvrit le papier plié et lut ces simples mots : « A pleines voiles ! » Le lendemain elle raconta son rêve avec une touchante simplicité, et conclut d'un air paisible et heureux : « Je pense, puisque c'est aujourd'hui la fête du Sacré-Cœur, que je vogue *à pleines voiles* dans le Cœur de Jésus. »

Cette assurance de son union à Dieu lui était bien nécessaire pour les heures qui allaient suivre. L'ange de son rêve, comme l'ange de Gethsémani, venait l'encourager et la fortifier pour le combat suprême.

Le 22 juillet amena le 60° anniversaire de sa Profession religieuse ; et, de même qu'au jour de ses Noces divines, tandis que tous les cœurs étaient en fête, celui de la vénérable héroïne subissait un vrai martyre ; au soir de cette journée, révélant enfin son angoisse, elle s'écriait avec l'accent d'une inexprimable douleur : « Oh ! non, les plus grandes souffrances ne sont rien ! mais ne pas voir Dieu !... » — « Ce n'était plus Mère Geneviève, disent celles qui furent les confidentes de cette agonie, c'était une âme du Purgatoire. »

C'est dans le temps de cette épreuve et à propos d'elle que la B^{se} Thérèse de l'Enfant-Jésus lui disait : « *O ma Mère ! vous n'irez pas en Purgatoire !* » Et Mère Geneviève, avec une humble confiance, de répondre : « Je l'espère ! »

Il pourrait venir à l'esprit qu'elle soupirait après la mort comme après la délivrance de ses maux. Quelqu'un ayant émis cette supposition devant elle, elle y avait répondu par ces admirables paroles : « Je ne désire pas mourir pour ne plus souffrir, mais uniquement pour voir mon Dieu ! » et elle répétait avec ardeur le mot de sainte Thérèse expirante : « Il en est temps, Seigneur, il en est temps, prenez-moi avec vous ! »

Vers la fin de novembre, elle se trouva plus mal. Le 25, on lui administra l'Extrême-Onction ; c'était la troisième fois qu'elle la recevait. Comme l'excès de ses souffrances lui arrachait de faibles gémissements auxquels ses filles mêlaient leurs larmes, elle demanda avec inquiétude : « Ne serait-ce pas manquer de patience ? Ah ! ce serait bien malheureux ! Priez, mes enfants, demandez au bon Dieu de me la donner jusqu'à la fin ! »

Vers six heures et demie, elle dit à la Mère Prieure : « Il y a aujourd'hui 61 ans que mon grand pardon m'a été accordé... et peut-être ce soir... le Ciel !... »

Cependant la nuit fut moins mauvaise et,

le lendemain matin, la Révérende Mère Marie de Gonzague, trouvant un peu d'amélioration, crut pouvoir s'absenter pour aller à la Messe. La sainte martyre, qui avait entendu ce mot d'amélioration, se plaignit alors à Notre-Seigneur : « Mon Jésus, s'écria-t-elle, puisque Notre Mère me trouve mieux et que je souffre tant, montrez-moi donc ce que c'est que d'être mieux. » Au même instant, toutes ses douleurs disparurent. Elle n'éprouvait absolument plus rien qu'une sensation de bien-être, comme si elle se fût trouvée en pleine santé et reposant sur un lit moelleux. Cette prodigieuse suspension des lois de la nature dura une demi-heure, puis les terribles souffrances revinrent.

Elles devaient aller en augmentant jusqu'au 4 décembre. Ce matin-là, elles étaient intolérables, et l'on cherchait en vain à les soulager. Cependant la torture physique était dépassée encore par l'angoisse morale ; elle s'écria tout à coup d'une voix douce et plaintive : « Mon bon Jésus ! vous m'avez donc abandonnée ! » Mais aussitôt, comme pour corriger ce reproche et témoigner son amour pour Celui qui ne l'abandonnait qu'en apparence, un sourire effleura ses lèvres, illuminant son visage d'une beauté qui n'était déjà plus de la terre.

« Eh bien ! ma Mère, lui dit le bon docteur dans l'après-midi, vous vouliez toujours que je vous annonce le moment de votre mort. Il est arrivé ce bienheureux moment... »

La nuit vint sans adoucir la sombre agonie. C'était, comme le disait plus tard la Bienheureuse Thérèse pour elle-même, *« la souffrance toute pure, sans aucun mélange de consolation »*.

Vers le matin, tandis que la Révérende Mère Marie de Gonzague soutenait sa tête défaillante, elle soupira : « O Jésus ! et moi qui vous disais toujours : *In te Domine speravi !* » Des larmes brillaient sur ses paupières fermées ; son visage restait pourtant calme et serein. « Oh ! que mon exil est long ! » dit-elle encore, d'un ton si touchant qu'on ne peut le rendre. Jésus, Marie, Joseph, faites que j'expire paisiblement en votre sainte compagnie ! Vierge Marie, à mon secours ! »

L'aurore du samedi commençait à luire, quand, au premier son de l'Angelus, la douce victime expira. Toutes ses filles l'entouraient, dans les larmes, mais cependant reconnaissantes à Dieu de l'avoir enfin délivrée de tant de souffrances et appelée à Lui.

« *Au moment même de la naissance au ciel de Mère Geneviève*, raconte la Bse Thérèse de l'Enfant-Jésus, *je me sentis remplie d'une joie et d'une ferveur indicibles, comme si l'âme bienheureuse de notre sainte Mère m'eût donné, à cet instant, une partie de la félicité dont elle jouissait déjà ; car je suis bien persuadée qu'elle est allée droit au ciel.* »

La Servante de Dieu avait remarqué une larme qui, pendant l'agonie, « *scintillait comme un beau diamant* » aux yeux de la mourante. « *Cette larme*, raconte encore la Bienheureuse Thérèse, *la dernière de toutes celles qu'elle répandit sur la terre, ne tomba pas ; je la vis encore briller lorsque la dépouille mortelle de Notre Mère fut exposée au chœur. Alors, prenant un petit linge*

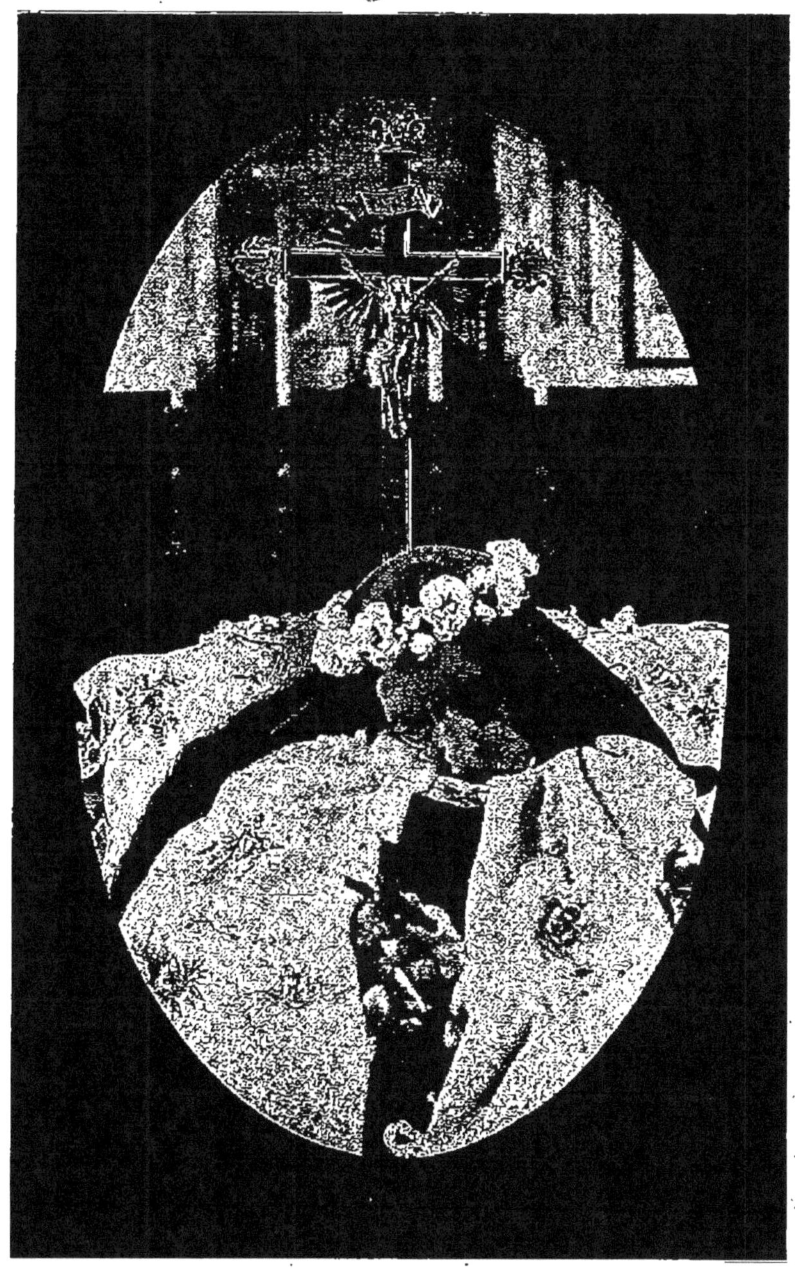

La Révérende Mère
GENEVIÈVE DE SAINTE-THÉRÈSE
Exposée après sa mort devant la grille du Chœur des Carmélites
(D'après une photographie.)

fin, j'osai m'approcher le soir, sans être vue de personne, et j'ai maintenant le bonheur de posséder la dernière larme d'une sainte. »

Il fut permis aux religieuses de conserver le cœur de leur Mère, organe sacré que l'amour de Dieu et des âmes avait animé si longtemps. Quant à sa dépouille sainte elle repose dans le sanctuaire de la chapelle, près du vénéré Fondateur du Carmel, décédé en 1853. Sur le marbre sépulcral était autrefois gravée cette prière :

« *Regardez-nous du haut du ciel ! Voyez et visitez la vigne que votre droite a plantée, et donnez-lui la perfection.* »

Aujourd'hui, par suite des transformations opérées dans la chapelle, une nouvelle dalle en mosaïque porte cette brève inscription, qui peint au vif la physionomie de la sainte Fondatrice :

« *Virgo mitis et humilis corde.* »

ÉPILOGUE

Cette notice sur le Carmel de Lisieux serait incomplète si l'on passait sous silence la fondation des Carmels de Saïgon (1860), Coutances (1866) et Caen (1868), tous trois sortis du premier et depuis longtemps en pleine vigueur.

Le Carmel de Saïgon mérite une mention spéciale : Mère Geneviève l'enfanta dans les larmes, Dieu permettant qu'il fût pour elle une source de peines et d'humiliations.

La sainte religieuse qu'elle lui donna pour Prieure fit preuve d'un courage et d'une persévérance héroïques pour vaincre les difficultés effrayantes rencontrées dans cette œuvre. La Révérende Mère Philomène du Sacré-Cœur avait, il est vrai, un stimulant dans la promesse faite à son vénéré cousin et collaborateur, Mgr Lefebvre, vicaire apostolique de Cochinchine, qui, prisonnier pour la foi et attendant le martyre, avait vu sainte Thérèse lui apparaître et lui annoncer son élargissement, lui demandant « *d'établir son Ordre en Annam, parce que Dieu y serait grandement servi et glorifié* ».

Tous les carmels d'Extrême-Orient peuvent regarder la Révérende Mère Geneviève comme leur aïeule, puisqu'ils sont tous issus du Carmel de Saïgon et tous enfants de la Révérende Mère Philomène.

Avec cette dernière, le Carmel de Lisieux vénère très particulièrement, parmi ses premiers membres, la sœur Adélaïde de la Providence qui fut favorisée de grâces extraordinaires vraiment merveilleuses.

Sœur Adélaïde mourut avant Mère Geneviève et lui révéla dans un songe prophétique la gloire future de leur monastère.

Elle lui apparut éblouissante de beauté et tenant à la main une plume d'ivoire. De cette plume, elle lui désignait un livre placé à côté de l'Evangile, sur le rayon d'une bibliothèque ; au dos de ce livre, Mère Geneviève lut ces mots : « Vie de... », mais sans découvrir aucun nom à la suite.

Elle fut extrêmement frappée de ce songe et prouva qu'elle y attachait une très grande importance. Malade et incapable d'aller parler à l'Aumônier, elle le fit venir et, se persuadant que Sœur Adélaïde voulait que l'on publiât son histoire, elle pria M. l'abbé Youf de s'en occuper. Mais leurs efforts réunis ne purent aboutir.

N'était-ce point au sujet de la VIE DE... LA Bᵉ THÉRÈSE DE L'ENFANT-JÉSUS, que l'élue du Seigneur avait prophétisé?

TABLE DES MATIÈRES

Pages.

AVANT-PROPOS................................... 3

PREMIÈRE PARTIE

Le Carmel de Lisieux.

CHAPITRE PREMIER. — Comment fut décidée
la fondation du Carmel de Lisieux. —
Préliminaires de cette fondation....... 7

CHAPITRE II. — Installation provisoire..... 11

CHAPITRE III. — Etablissement du monastère, rue de Livarot................... 15

CHAPITRE IV. — Pauvreté du monastère.
— Ses accroissements successifs....... 20

CHAPITRE V. — Mort de la Révérende Mère
Elisabeth de Saint-Louis.............. 25

DEUXIÈME PARTIE

La Révérende
Mère Geneviève de Sainte-Thérèse.

CHAPITRE PREMIER. — Enfance de Claire
Bertrand. — Mort de sa mère.......... 31

CHAPITRE II. — Grâces extraordinaires. —
Infidélités............................ 36

CHAPITRE III. — Physionomie de Claire. —
Elle fait du bien à tous.............. 43

Pages.

CHAPITRE IV. — Entrée de Claire au Carmel de Poitiers. — Ses débuts dans la vie religieuse. — Terrible épreuve......... 47

CHAPITRE V. — Profession. — Délaissement intérieur. Vertus héroïques............. 53

CHAPITRE VI. — Premières nouvelles de la fondation d'un Carmel à Lisieux. — Sœur Geneviève, maîtresse des novices. — Adieux au Carmel de Poitiers....... 59

CHAPITRE VII. — Premières années de la fondation. La Révérende Mère Geneviève, Prieure.................... 68

CHAPITRE VIII. — Second priorat. — Maladie de Sœur Marie de la Croix............ 74

CHAPITRE IX. — Grâces et dons surnaturels. — Conduite de la Révérende Mère à l'égard de la B{se} Thérèse de l'Enfant-Jésus................... 81

CHAPITRE X. — Humilité de la sainte Fondatrice. — Ses noces d'or..,........... 93

CHAPITRE XI. — Générosité et patience dans la maladie........................... 97

CHAPITRE XII. — Terribles souffrances. — Notre-Seigneur lui demande de s'offrir en victime........................... 103

CHAPITRE XIII. — Comment Dieu la faisait agir et parler.................. .. 109

CHAPITRE XIV. — Céleste encouragement. — L'abandon. L'agonie. — Dernier soupir. — Après la mort.... 114

EPILOGUE.............................. 124

www.ingramcontent.com/pod-product-compliance
Lightning Source LLC
LaVergne TN
LVHW021034050726
842519LV00003B/866